나는 진짜인가, 가짜인가?

Originally published under the title of

THAT INCREDIBLE CHRISTIAN

Copyright ⓒ 1964 by Zur Ltd.
Published by WingSpread Publishers,
a division of Zur Ltd.,
3825 Hartzdale Drive, Camp Hill, PA 17011, U.S.A.
Korean Translation Copyright ⓒ 2004 by Kyujang Publishing Company
All rights reserved.

본 저작물의 한국어판 저작권은 WingSpread Publishers사와
독점 계약한 규장이 소유합니다.
저작권법에 의하여 한국 내에서 보호를 받는 저작물이므로
무단 전재와 무단 복제를 금합니다.

A. W. 토저 마이티 시리즈(A. W. TOZER Mighty Series)

토저는 교인수의 성장을 위해서라면 대중의 인기에 야합하고, 거대 기업의 경영방식을 무차별 차용하고, 할리우드 엔터테인먼트 방식을 예배에 도입하는 것에 대해 통렬한 비판을 가하였다. 그는 현대의 교회가 물량적 성장을 위해서라면 교회의 순결성을 포기하는 듯한 자세를 보일 때는 그것을 좌시하지 않고 언제나 선지자의 음성을 발하였다. 듣든지 안 듣든지 이스라엘 교회의 세속화를 준열히 책망했던 예레미야처럼, 토저도 시대에 아부하지 않고 하나님교회의 순정성(純正性)을 파수하기 위해 '강력한'(Mighty) 말씀을 선포했다. 그래서 토저는 '이 시대의 선지자' 라는 평판을 들었다. 토저가 신앙의 개혁을 위해 외쳤던 뜨겁고 강력한 메시지를 이 시대의 우리도 들어야 한다. 말씀과 성령에 의한 개혁이 절실히 필요한 이때, 규장에서 토저의 강력한(Mighty) 메시지들을 'A. W. 토저 마이티(Mighty) 시리즈'로 출간한다.

"토저의 설교는 설교단에서 발사되어 청중의 마음을 관통하는 레이저 광선과 같다." - 워런 위어스비

나는 **진짜**인가, **가짜**인가?

A. W. 토저 지음
이용복 옮김

규장

한국어판 편집자의 글

하나님의 불꽃 같은 눈앞에서
나의 신앙은 진짜인가?

이 책의 저자 에이든 토저는 '이 시대의 선지자'라는 평판을 들은 분이다. 그가 이런 평가를 듣게 된 까닭이 있다. 그는 현대 사회가 자본주의를 꽃피우게 됨으로써 물량주의, 상업주의가 교회에 물밀 듯이 밀려들어와 신앙의 순전성(純全性)을 오염시키는 것을 목격하고서 선지자의 사자후(獅子吼)를 발했다. 그는 '자본의 교회화', '교회의 자본화'가 어떤 파괴적 영향을 끼칠 것인지를 꿰뚫어보고 그것을 경고했다.

토저는 그리스도인들이 물질적인 안정을 삶의 최우선순위로 추구함에 따라서 '들풀신앙'을 상실하고 '온실'의 나른함 가운데서 소금의 맛을 잃게 되었음을 고발한다. '행복'은 추구하지만 '성화'(聖化)는 추구하지 않음을 고발한다. '명예'는 추구하지만 '십자가'는 지지 않음을 고발한다. 인간적인 방법으로 부흥을 기획하지만 하나님의 불은 하늘에서 떨어지지 않음을 고발한다. 하나님을 상상의 세계에서라도 체험하기 위해 스스로에게 최면을 걸지만, 성경의 하나님을 체험하는 것이 아니라 자기가 만들어낸 하나님을 체험할 뿐임을 고발한다.

한쪽으로 경도된 신앙, 체험은 있지만 신학이 없는 신앙, 죽은 정통만 간직한 채 하나님 만난 뜨거운 감격이 없는 신앙 모두 토저의 불방망이를 피해갈 수 없다. 또한 그는 결신자(決信者) 수를 증대시키기 위해 교회가 세일즈맨의 영업 기법을 도입하여 '문턱 없는 복음제시', 즉 '회개 없는 그리스도 영접', '십자가 없는 신앙'을 조장하였다고 고발한다.

토저의 이러한 고발들이 오늘 우리 한국 교회의 현실에서도 꼭 맞는 내용이 아닌가? 오늘 우리의 신앙이 현대의 물량주의에 의해 왜곡된 '가짜 신앙'인지, 하나님의 불꽃 같은 눈이 인정하는 '진짜 신앙'인지를 점검해보자.

"너희가 믿음에 있는가 너희 자신을 시험하고 너희 자신을 확증하라"(고후 13:5).

규장 편집국장 김응국 목사

차례

한국어판 편집자의 글

1부 누가 진짜인가?

진짜 그리스도인은 그리스도의 승리를 믿기 때문에,
그 승리에 참여하기 위해서 어떤 고난도 마다하지 않는다.

- 1장 진짜는 험한 십자가를 부끄러워하지 않는다 •11
- 2장 진짜는 솜사탕 복음을 거부하고 가시면류관 복음을 믿는다 •28
- 3장 진짜는 주님의 '일' 보다 '주님'에 우선순위를 둔다 •38
- 4장 진짜는 행복보다 거룩을 열망한다 •49
- 5장 진짜는 신앙의 기본에 충실하다 •62
- 6장 진짜 그리스도인의 자가 진단법 •69

2부 누가 가짜인가?

왜곡된 그리스도인들은 자기가 좋아하는 성경 본문들을 필요 이상으로 강조한다.
그렇게 하다 보니 다른 본문들은 상대적으로 과소평가될 수밖에 없다.

- 7장 가짜는 인스턴트이다 •79
- 8장 가짜는 인격의 변화를 소홀히 한다 •86
- 9장 가짜는 하나님의 징계를 십자가 지는 것으로 착각한다 •92
- 10장 가짜는 행함으로 죄 용서함을 받으려 한다 •98
- 11장 가짜는 신조를 무시한다 •104
- 12장 가짜는 신학을 경시한다 •116
- 13장 가짜는 감정을 등한히 여긴다 •131
- 14장 가짜는 영적 균형감이 없다 •143

3부 진짜는 무엇을 믿는가?

우리의 신앙이 견고한 기초를 갖고자 한다면
우리는 하나님이 우리의 온전한 신뢰의 대상이 될 수 있는 분이라는 것을 절대적으로 확신해야 한다.

15장 유한한 세상을 믿지 않고 영원한 하나님을 믿는다 • 159

16장 하나님의 황홀한 임재를 믿는다 • 175

17장 하나님과의 친밀한 우정을 믿는다 • 193

4부 진짜는 무엇을 행하는가?

사람을 두려워하면 올무에 빠질 수 있다고 선지자는 말한다.
그러므로 진짜 그리스도인은 사람 앞에 떨지 않는다.

18장 자유의지를 하나님의 의지 앞에 복종시킨다 • 207

19장 영적 침체에서 벗어나기 위해 전력을 기울인다 • 214

20장 과거의 후회를 버리고 주님과의 교제에 힘쓴다 • 220

21장 성령으로 변화된 인격으로서 봉사한다 • 226

22장 영적 전투에서 불퇴전의 믿음으로 승리한다 • 237

1부
누가 진짜인가?

THAT INCREDIBLE CHRISTIAN

A.W. TOZER

진짜 신앙을 가진 사람은 그리스도의 승리를 믿기 때문에, 그 승리에 참여하기 위해서 어떤 고난도 마다하지 않는다. 반면, 가짜 신앙을 가진 사람에게는 "비탈이 싫고, 산허리의 양지 바른 곳이 좋다"라는 확신만이 있을 뿐이다. 모든 사람들은 당장은 평안을 주는 것 같은 가짜 신앙 편에 서야 할지, 아니면 영원한 평안을 주는 진짜 신앙 편에 서야 할지를 스스로 결정해야 한다.

1장
진짜는 험한 십자가를 부끄러워하지 않는다

기독교 신앙 체계의 뿌리에 놓여 있는 것은 '하나님의 역설'인 그리스도의 십자가이다. 타락한 인간의 방법을 따르지 않고 오히려 그것을 거부할 때 기독교의 능력이 나타나는 법이다.

모순처럼 보이는 십자가 진리

오늘날 대부분의 기독교 지도자들은 기독교 신앙을 과학, 철학 및 그 밖의 자연적이고 합리적인 것들과 조화시키려고 노력한다. 그러나 그들의 시도는 기독교를 제대로 이해하지 못한 데서 비롯된 현상이라고 나는 믿는다. 또한 내가 읽고 들은 바에 따라 판단하건대, 이런 시도는 과학과 철학을 이해하지 못한 결과이기도 하다.

기독교 신앙 체계의 뿌리에 놓여 있는 것은 '하나님의 역설(逆說)'인 그리스도의 십자가이다. 타락한 인간의 방법을 따르지 않고 오히려 그것을 거부할 때 기독교의 능력이 나타나는 법이다. 십자가의 진리는 모순처럼 보이는 것들에서 드러난다. 교회의 증거가 가장 효과적으로 이루어지는 것은 교회가 '설명할 때'가 아니라, '선포할 때'이다. 왜냐하면 복음은 이성(理性)이 아닌 신앙에 호소하기 때문이다. 증명될 수 있는 것을 받아들이는 데에는 신앙이 필요 없다. 신앙은 실험이나 논리적 증명에 근거하지 않고 하나님의 성품에 근거한다.

십자가는 '자연인'(自然人), 즉 '거듭나지 못한 사람'과 완전히 대립된다. 다시 말해서, 십자가의 철학은 자연인의 사고(思考)와 정면충돌한다. 그렇기 때문에 사도 바울은 "십자가의 도(道)가 멸망하는 자들에게는 어리석은 것"이라고 단언했다(고전 1:18 참조). 십자가의 메시지와 인간의 타락한 이성이 함께 발을 디디고 설 수 있는 공통의 지반(地盤)을 찾으려는 것은 불가능을 이루겠다는 시도이다. 이것을 계속 고집스럽게 시도한다면 이성의 손상(損傷), 의미 없는 십자가 그리고 무력(無力)한 기독교를 초래할 뿐이다.

이제 이론적이고 딱딱한 이야기는 그만하고 실제적인 것으로 눈을 돌려보자. 그리스도와 사도들의 교훈을 실천하는 참그리스도인을 관찰하면서, 그에게서 나타나는 이성적(理性的)으로 설명되지 않는 것들을 살펴보자.

그리스도인은 자신이 그리스도 안에서 죽었다고 믿지만 전보다 더 충만한 삶을 누리며, 또한 영원히 살 것이라고 믿는다. 그는 이 땅에서 활동하지만 동시에 하늘에 앉아 있다. 비록 이 땅에서 태어났지만 중생(重生) 후에는 더 이상 이 땅이 고향이 아님을 믿는다. 공중에서는 아름답고 우아하지만 땅에 내려오면 서툴고 보기 흉한 쏙독새처럼 그리스도인은 천상(天上)의 자리에서는 가장 아름다운 모습이지만, 그가 몸담고 있는 사회의 살아가는 방법들과는 잘 조화되지 않는다.

그리스도인은 하늘의 아들로서 이 땅의 사람들 중에서 승리를 거두려면 세상의 방법을 따르지 말고 오히려 그와 반대로 살아야 한다는 것을 배우게 된다. 그는 안전하기 위해서 오히려 자신을 위험에 빠뜨리며, 자신의 목숨을 구하기 위해서 목숨을 잃어버린다. 만일 자신의 생명을 보존하려고 시도한다면 오히려 생명을 잃을 위험에 처한다. 높아지려면 낮아져야 한다. 낮아지기를 거부한다면 이미 낮아진 것이다. 그러나 스스로 낮아진다면 이미 높아지고 있는 것이다.

가장 약할 때 가장 강하고, 가장 강할 때 가장 약하다. 가난하지만 다른 사람들을 부유하게 만들 수 있는 능력이 있으며, 부유해지면 그 능력이 사라진다. 남에게 가장 많이 주면 자신이 가장 많이 소유하게 되고, 가장 많이 소유하려고 하면 가장 적은 것이 남는다.

가장 낮아졌다고 느낄 때 가장 높이 있으며, 자신의 죄를 가장 많이 깨달을 때 가장 죄가 적다. 자신의 무지(無知)를 깨달을 때 가장 지혜로우며, 자신이 가장 많은 지식을 쌓았다고 믿을 때 실상 가장 무지하다. 때로는 아무것도 하지 않는 것이 가장 많은 일을 하는 것이고, 가만히 서 있는 것이 가장 멀리 가는 것이다. 고난 중에 기뻐할 수 있으며, 슬픔 중에도 행복할 수 있다.

그리스도인의 역설

그리스도인의 역설은 여러 가지 면에서 나타난다. 그는 자신이 구원을 얻었다고 믿지만, 동시에 장차 구원 얻을 것을 기대하면서 소망 중에 기뻐한다. 하나님을 두려워하지만, 하나님에 대해 공포심을 갖지는 않는다. 하나님의 임재에 완전히 압도되어 자신이 망했다고 느끼지만, 그 어떤 것보다도 하나님의 임재를 갈망한다. 그는 자신의 죄에서 깨끗케 되었음을 알지만, 자신의 육신 안에 선한 것이 거하지 않음을 알고는 괴로워한다.

그는 한 번도 본 적이 없는 분을 가장 사랑한다. 자신이 비록 보잘것없고 초라한 존재이지만 만왕(萬王)의 왕이요, 만주(萬主)의 주이신 분과 친구처럼 대화한다. 그리고 그렇게 하는 것이 전혀 모순이라고 느끼지 않는다. 그는 자신이 본래 아무것도 아닌 존재라고 느낀다. 그러면서도 그는 자신을 위해 하나님의 아들이 치욕의 십자가에서 돌아가셨음을 확신하며, 자신이 하나님에게는 가장 보배로운 존재인 것을 감사한다.

그리스도인은 천국의 시민이기 때문에 그의 거룩한 시민권에 부끄럽지 않은 충성심을 가지고 산다. 그렇지만 동시에 이 땅의 자신의 조국을 깊이 사랑한다. 그렇기 때문에 존 낙스(John Knox, 1514~1572. 스코틀랜드 종교개혁의 아버지 - 역자 주) 같은 신앙인은 "오, 하나님! 저에게 스코틀랜드를 주시든지 아니면 죽음을 주십시오"라고 기도할 정도였다.

그리스도인은 머지않아 저 밝은 영원한 나라에 들어갈 것을 기쁨으로 기다리지만, 이 세상을 급히 떠나려고 하지 않고 다만 하늘 아버지의 부르심을 조용히 기다린다. 그는 그의 이런 태도를 불신자가 왜 비난하는지를 완전히 이해할 수는 없지만, 여러 가지를 고려할 때 자신의 태도에 전혀 잘못이 없다고 느낀다.

십자가를 지는 그리스도인은 이 세상 어디에서도 유례(類例)를 찾을 수 없는, 철저한 비관주의자이며 동시에 낙관주의자이다.

십자가를 바라볼 때 그는 비관주의자가 된다. 왜냐하면 그는 십자가에서 영광의 주님에게 쏟아진 심판이 모든 사람들에게 유죄판결을 내리는 심판이라는 것을 알기 때문이다. 그는 그리스도 밖에서 인간적인 소망을 찾으려는 시도를 거부하는데, 그 이유는 하나님 앞에서 의롭게 되려는 인간의 노력은 아무리 고결한 것이라 할지라도 결국 사상누각(砂上樓閣)에 불과하기 때문이다.

그리스도인은 비관주의자이면서 동시에 평온한 낙관주의자이다. 십자가가 온 세상에 유죄 선고를 내린다면, 그리스도의 부활은 온 우주에서의 선(善)의 궁극적 승리를 보장한다. 그리스도를 통하여 결국 모든 사람의 문제들이 전부 해결될 것이며, 그리스도인은 이 궁극적 승리를 기다린다. 그렇다! 이토록 그리스도인은 '믿기 힘들 정도로' 참으로 놀라운 존재이다!

숨을 내쉬기도 해야 한다

우리가 '받아들이는(영접하는) 행위로써' 그리스도인의 생활을 시작한다는 주장은 맞는 말이지만, 이것이 전부는 아니다. 기독교는 받아들임과 거부, 긍정과 부정을 모두 포함한다. 이것은 회심(回心)하여 처음 예수 그리스도를 믿을 때뿐만 아니라, 그후에 신앙생활을 계속할 때에도 해당되는 말이다. 즉, 그리스도인이 평생의 싸움을 다 마치고 본향으로 돌아갈 때까지 날마다 이 진리는 적용된다.

완전히 긍정적인 삶을 사는 것은 불가능하다. 만일 그런 일이 가능하다 할지라도, 그것은 단지 어떤 한순간 동안만 가능하다. 계속 긍정적으로만 살려고 하는 것은 마치 숨을 내쉬지 않고 계속 들이쉬는 것과 같다. 숨을 계속 들이쉬는 것은 가능하지 않을 뿐만 아니라 치명적이다. 생명을 유지하려면 숨을 들이쉴 뿐만 아니라 내쉬기도 해야 한다.

그리스도를 영접하기 위해서 우리는 그리스도가 미워하시는 것들을 모두 거부해야 한다. 조급하게 결과를 얻으려고 애쓰는 열정적인 복음전도자는 이 점을 간과하는 경향이 있다. 세일즈맨이 그의 상품의 장점만을 강조하고 단점을 숨기듯이, 균형을 상실한 복음선포자는 부정적인 면을 숨기고 오직 긍정적인 면만을 이야기한다.

내가 그리스도 안에서 사는 것이 단점도 있다고 말한다고 해서 놀라지 말라. 분명히 단점이 있다. 아벨은 살해당했고, 요셉은 노예로 팔렸으며, 다니엘은 사자굴 속으로 던져졌고, 스데반은 돌에 맞아죽었고, 바울은 참수형을 당했다. 기독교 역사를 보면 수많은 거룩한 순교자들이 여러 가지 고통스러운 방법으로 죽임을 당한 것을 알 수 있다. 이렇게까지 극렬한 경우는 아닐지라도(사실, 대부분의 경우는 이렇게 극렬하지 않다) 이 세상의 자녀들은 수많은 가혹한 방법으로 하나님의 자녀들을 괴롭혔다. 그리스도를 거부하는 세상에서 그리스도를 위하여 사는 사람은 누구나 손해를 보거나 고통을 당했다. 만일 그들이 그들의 십자가를 살짝 내려놓았다면 이런 손해나 고통을 당하지 않았을 것이다. 그러나 그리스도인들이 영원히 누리게 될 영광에 비교하면 현재의 고난은 짧고, 현재의 손해는 미미하다.

"우리의 잠시 받는 환난의 경한 것이 지극히 크고 영원한 영광의 중한 것을 우리에게 이루게 함이니"(고후 4:17).

진리를 모르는 불신앙적인 세상 사람들의 가혹한 핍박에 노출되어 살아가는 동안 우리는 현실을 똑바로 인식하고 현실적인 문제들에 대처해야 할 것이다. 다시 말해서, 우리는 그리스도에게 인도하려는 사람들에게 진리를 '전부' 이야기해주어야 한다. 지혜로운 마크 트웨인은 언젠가 "실제로 어떤 교회들은 믿음의 길을 너무 쉬운 것으로 제시하기 때문에 오히려 수적(數的)으로 성장하지 못한다. 반면 어떤 교회들은 믿음의 길의 어려움을 숨기지 않기 때문에 오히려 수적으로 부흥한다"라고 말했다. 노련한 선교사는 선교지(宣敎地)에서 무료로 성경이나 기독교 책을 나누어주면 오히려 사람들이 그것을 귀중하게 여기지 않는다는 것을 잘 안다. 무엇인가 대가를 지불했을 때 사람들은 그것이 귀중한 줄 안다.

험하고 힘든 신앙의 길

주님은 사람들에게 자기를 따르라고 부르실 때, 결코 쉬운 길을 제시하지 않으셨다. 오히려 복음서를 읽을 때 우리는 주님이 신앙의 길을 지극히 어렵게 보이도록 만드셨다는 인상을 받지 않을 수 없다. 주님은 지금 우리가 전도할 때 사람들에게 말하기를 꺼리는 것들을 주님의 제자들에게 서슴없이 말씀하셨다. 오늘날의 전도자들 중 주님처럼 "아무든지 나를 따라오려거든 자기를 부인하고 날마다 제 십자가를 지고 나를 좇을 것이니라 누구든지 제 목숨을 구원코자 하면 잃을 것이요 누구든지 나를 위하여 제 목숨을 잃으면 구원하리라"(눅 9:23,24)라고 말할 용기를 가진 사람이 얼마나 되겠는가? "내가 세상에 화평을 주러 온 줄로 생각지 말라 화평이 아니요 검(劍)을 주러 왔노라 내가 온 것은 사람이 그 아비와, 딸이 어미와, 며느리가 시어미와 불화하게 하려 함이니"(마 10:34,35)라는 주님의 말씀이 무슨 뜻이냐고 누군가 물을 때 우리는 이 말씀의 엄격함을 완화시키기 위해서 이런 저런 설명을 길게 덧붙이지 않는가? 어쩌다가 소문으로만 들리는 아주 헌신적인 선교사 같은 사람들만이 이렇게 힘들고 질긴 신앙의 길을 가는 것이라고 우리는 생각하지 않는가? 안타깝게도, 스스로 그리스도인이라고 고백하는 수많은 사람들은 이토록 험하고 힘든 신앙의 길을 갈 수 있는 도덕적 능력 자체가 없다.

오늘날의 도덕적 풍토는 우리 주님과 사도들이 가르친 엄하고 질긴 신앙을 별로 좋아하지 않는다. 현재 종교적 온실(溫室)들에서 만들어지는 허약하고 깨지기 쉬운 성도들은 과거에 목숨을 아끼지 않고 복음을 증거하다가 죽어간 신자들에 비교하면 참으로 한심하다고 할 수 있다. 이에 대한 책임은 오늘날 교회 지도자들에게 있다. 그들은 사람들에게 진리의 '전부'를 이야기할 용기가 없다. 그들은 사람들에게 희생 없이도 하나님을 섬길 수 있다고 말할 뿐이다.

오늘날의 교회들은 유약한 그리스도인들로 가득하다. 그들은 무엇인가 재미있는 것들로 즐겁게 해주어야만 교회에 나온다. 그들은 신학에 대하여 거의 알지 못하며, 유명한 기독교 고전을 읽은 사람은 거의 없다. 그러면서도 그들은 종교 소설이나 흥미로운 영화들을 아주 잘 알고 있다. 그러므로 그들은 도덕적으로나 영적으로 연약한 수준에 머물 수밖에 없다. 그들은 자기들도 잘 이해하지 못하는 신앙을 힘 빠진 손으로 겨우 붙들고 있다.

의(義)를 사랑하기 위해서는 죄를 미워해야 하며, 그리스도를 받아들이기 위해서는 자신을 거부해야 하며, 선한 길을 따르기 위해서는 악한 길을 떠나야 한다는 것을 그리스도인들이 언제 깨달을 것인가? 이 세상과 친구가 되는 것은 하나님과 원수가 되는 것이다. 의심하며 두려워하는 자들은 다가오는 지옥과 현재의 혹독한 징계에서 벗어나 몸을 숨길 곳을 찾는다. 그러나 하나님은 그런 곳을 허락하지 않으신다.

사탄이 참그리스도인을 미워하는 이유

그리스도인의 삶을 살아가면서 앞으로 전진할수록 그리고 위로 높이 올라갈수록 우리 앞에는 더 많은 어려움이 놓여 있고, 우리 영혼의 원수의 공격이 더 거세어진다. 사실 이런 내용을 그리스도인들에게 말해주는 사람들이 별로 없는 것이 현실이다. 그러나 모든 성숙한 그리스도인들이 경험하는 바와 같이, 이것은 엄연한 사실이다. 그러므로 우리는 우리에게 닥치는 어려움과 고난을 해결하는 방법을 배워야 한다. 그렇지 않으면 그것에 걸려 넘어져서 시험의 나락으로 떨어질 것이다.

사탄은 몇 가지 이유 때문에 참그리스도인을 미워한다.

첫째, 참그리스도인은 하나님께 사랑을 받기 때문이다. 사탄은 하나님이 사랑하시는 것이라면 무엇이든지 미워한다.

둘째, 참그리스도인이 하나님과 그리고 다른 믿음의 사람들과 가족적(家族的) 유사성을 보이기 때문이다. 하나님을 향한 사탄의 증오심은 조금도 줄어들지 않았고, 우리와 하나님 사이의 관계를 시기하는 그의 마음도 조금도 변하지 않았다. 사탄은 하나님과 관계된 것이라면 무조건 모두 극렬히 미워한다.

셋째, 참그리스도인이 사탄이 지배하던 갤리선(고대 로마 또는 중세에 주로 노예나 죄수들이 노를 젓던 대형 배 - 역자 주)에서 도망하여 자유를 얻었기 때문이다. 사탄은 이것을 자기에 대한 반역으로 간주하여 극도로 미워한다.

넷째, 기도하는 그리스도인은 사탄의 지배에 대한 중대한 위협이 되기 때문이다. 사탄이 보기에, 그리스도인은 언제나 하나님의 보좌로 나아가서 힘을 얻어 자기를 공격할 수 있는 반역자이다. 사탄은 어디에서 공격의 화살이 날아올지 모르기 때문에 전전긍긍한다.

"엘리야, 다니엘, 마르틴 루터, 윌리엄 부스(William Booth, 1829~1912. 구세군 창시자 - 역자 주) 같은 신앙의 용사가 또 나타날지도 모른다. 제2의 조나단 에드워즈(Jonathan Edwards, 1703~1758. 18세기 미국의 신학자이며 부흥운동가 - 역자 주), 제2의 찰스 피니(Charles G. Finney, 1792~1875. 변호사 출신의 목사로서 미국에서 부흥의 불길을 크게 일으켰다 - 역자 주)가 나타나서 설교와 기도로써 사람들을 내게서 빼앗아갈지도 모른다"라고 중얼거리면서 사탄은 두려워한다. 이런 위협을 용납할 수 없는 사탄은 새로 믿기 시작한 신자에게 황급히 찾아가서 그의 신앙이 자라지 못하도록 방해한다. 왜냐하면 그를 그대로 놔두었다가는 감당할 수 없는 위험한 상대로 커버리기 때문이다.

그러므로 새 신자는 사탄의 불화살의 주요 공격 목표가 될 수밖에 없다. 새 신자가 신앙의 전사(戰士)로 성장하는 것을 막는 가장 좋은 방법은 그렇게 되기 전에 그를 죽이는 것이다. 사탄은 아기 모세가 이스라엘 민족의 해방자로 성장하기 전에, 아기 예수가 세상 죄를 지고 십자가에서 죽을 수 있을 정도로 성장하기 전에 그들을 제거하려고 애썼다. 사탄은 새 신자를 죽이거나 아니면 적어도 그의 신앙 성장을 멈추게 하여 후환을 없애려고 획책한다.

사탄의 전술전략

사탄이 원하는 것은 단지 우리를 죽이는 것만은 아니다. 전투에서 영웅적으로 싸우다 죽은 병사는 그의 나라에 손실이라기보다는 자랑거리이다. 반대로, 적의 대포 소리 한 방에 놀라서 도망하는 병사는 가문과 국가의 수치이다. 영적 전투에 맞서다 죽는 그리스도인은 이 땅의 의(義)의 군대에게 손실도 아니고 사탄의 승리도 아니다. 신앙을 고백하는 수많은 하나님의 군사들이 두려워서 싸우지 못하거나, 너무 자만에 빠져서 부끄러움을 모를 때 사탄의 얼굴에는 미소가 번질 것이며, 그리스도의 온 교회는 수치심을 느낄 것이다.

신자들의 육신적 목숨을 끊는 것이 사탄의 전략에 더 잘 들어맞을 때도 물론 있겠지만, 그의 전략의 핵심은 그들을 육신적으로 죽이는 것이 아니다. 그의 주요 전략은 영적 싸움을 싸울 수 있는 우리의 능력을 파괴하는 것이다. 사실 그의 이 전략은 상당한 성공을 거두었다. 오늘날 대부분의 그리스도인들은 사탄에게 위협이 되지 못한다. 하나님은 이 사실을 잘 아신다. 그들은 전사(戰士)의 갑옷을 입고 매우 수줍어 한다. 그들은 날지 못하는 힘 없는 새끼 독수리와 같다. 지쳐서 여행길을 포기한 순례자 같은 그들은 길에서 딴 시든 꽃들에 코를 박고 킁킁거리며 심심함을 달래면서 앉아 있을 뿐이다.

사탄은 바로 이런 사람들을 노린다. 이런 사람들을 보면 사탄은 얼른 그들에게 접근한다. 잘못된 교리, 불완전한 가르침, 부패한 교회 때문에 생기는 낙심(落心)을 이용하여 사탄은 그들의 결심을 약화시키고, 그들의 확신을 무너뜨리고, 승리의 신앙생활을 하겠다는 처음의 의욕을 꺾어놓는 데 성공했다. 그리하여 그들은 이제 종교 기관의 재정적 유지에 기여하는 사람들과 별로 다를 것이 없는 정도가 되어버렸다. 또한 많은 목회자들은 그런 영적 '박물관 소장품들'로 가득한 집합소(集合所)의 관리자로서 인내심을 발휘하며 미소를 짓는다.

영적 전투를 포기한 사람

사탄이 새로 믿은 개종자를 대적할진대 어찌 그가 그리스도 안에서 더욱 전진하려는 사람들을 극렬히 대적하지 않겠는가? 많은 사람들은 성령 충만한 삶이 평안과 기쁨의 삶이라고 믿지만, 언제나 그런 것은 아니다. 오히려 성령 충만한 삶이 그 반대인 경우들도 많다.

비유를 들어 말하자면, 성령 충만한 삶은 강도들이 창궐하는 숲을 통과하는 순례의 길이요, 마귀와 처절하게 싸우는 전쟁이다. 성령 충만하면 언제나 갈등이 있게 마련이다. 때로는 자신의 본성과 사력(死力)을 다해서 싸워야 할 때도 있다. 그럴 때에는 전선(戰線)이 잘 구분이 안 되기 때문에 적이 어디에 있는지를 알아내거나, 어떤 것이 성령님이 주시는 생각이고 어떤 것이 육신의 생각인지를 구별하는 것이 거의 불가능하다.

우리가 완전히 승리하는 방법은 승리하신 그리스도의 길을 따르는 것이다. 그러나 여기에서 지금 나는 이 승리의 방법에 대하여 길게 논의하려는 것은 아니다. 지금 여기서 내가 강조하고 싶은 것은 '사탄이 무엇을 노리느냐' 이다. 성령 충만에 따르는 갈등에서 도피하고 싶은 사람들은, 많은 사람들이 받아들이는 소위 '안온한 그리스도인의 생활'이 '정상적인 그리스도인의 생활'이라고 착각하면 된다. 그러나 이것이야말로 사탄이 원하는 것이다. 이런 착각에 빠져 대충대충 신앙생활을 하게 되면, 어두움의 나라에 대항하여 싸울 능력을 상실하고 성장이 멈추게 된다.

적당히 타협하면 부담감에서 벗어날 수는 있을 것이다. 왜냐하면 사탄은 싸움을 포기한 사람을 더 이상 괴롭히지 않기 때문이다. 그러나 그런 사람은 편하지만 영적 침체의 상태에서 벗어나지 못할 것이다. 하나님의 자녀인 우리가 이런 침체에 빠져 있다는 것은 있을 수 없는 일이다.

생사의 문제

이 세상에서 생사(生死)를 가르는 중요한 것들은 그렇게 많지 않다. 사실, 다행스럽게도 그런 것들은 극소수이다. 예를 들면 대양을 항해하는 사람에게 필요한 나침반, 사막을 횡단하는 여행객을 위한 안내인 같은 경우이다. 이렇게 필수적인 것들을 무시하는 것은 자살 행위이다. 이런 것들을 챙기든지 아니면 죽든지 둘 중의 하나이다.

그리스도와 어떤 관계를 맺느냐는 바로 이런 생사의 문제이다. 그것도 가장 규모가 큰 생사의 문제이다. 예수 그리스도가 죄인들을 구하기 위해 이 세상에 오셨으며, 우리는 우리의 공로와 전혀 상관없이 오직 그분에 의해서 구원받는다고 성경이 가르친다는 것을 사람들은 알고 있다.

그러나 그리스도의 죽음과 부활이 자동적으로 모든 사람들을 구원하는 것은 아니다. 그렇다면 인간은 어떻게 그리스도와 '구원의 관계'를 맺을 수 있는가? 우리가 잘 알듯이, 어떤 사람들은 그분과 이런 관계를 맺지만, 또 다른 사람들은 그렇지 않다. '객관적으로 제공된 구속(救贖)'이 어떻게 하면 '주관적으로 받아들여진 구원'이 되는가? 그리스도께서 나를 위해 이루신 일이 어떻게 내 안에서 효력을 발휘할 수 있는가? 우리는 '구원을 얻기 위해서 내가 무엇을 해야 하는가?'라는 질문에 정확히 대답할 수 있어야 한다. 이 질문에 정확히 대답하지 못한다면, 그 결과는 영원히 하나님의 면전에서 추방되는 것이다. 여기서 우리는 옳은 답을 발견하든가 아니면 영원히 멸망당하든가 둘 중의 하나를 선택해야 한다.

이 중대한 질문에 대해 복음적인 그리스도인들은 '주 예수 그리스도를 믿어라', '그리스도를 당신의 개인적인 구주로 받아들여라', '그리스도를 영접하라'의 세 가지 대답을 내놓는다.

처음의 두 대답은 성경구절들(행 16:31 ; 요 1:12 참조)을 거의 축어적으로 옮겨놓은 것이다. 셋째 대답은 앞의 두 개를 요약하여 다르게 표현한 것이다. 그러므로 결국 이 세 가지는 동일한 대답이다.

2장. 진짜는 솜사탕 복음을 거부하고 가시면류관 복음을 믿는다

'솜사탕처럼 달콤한 복음'을 제시하면서 산허리의 양지 바른 곳을 약속하는 것은 사람들을 잔인하게 속이는 것이다. 솜사탕이 아니라 가시면류관을 제시하라.

그리스도 영접은 만병통치약?

우리는 영적으로 게으르다. 그렇기 때문에 우리 자신과 다른 사람들을 위해서 신앙적 문제들을 해결하려고 할 때 가장 쉬운 길을 택하는 쪽으로 기울어진다. 그 결과 우리는 '그리스도를 영접하라'는 대답을 만병통치약처럼 사용하여 보편적으로 적용한다. 그런데 내가 보기에, 이것이 많은 사람들에게 치명적인 결과를 초래했다. 물론 때때로 이 말씀이 진심으로 회개하는 사람을 이끌어서 '그리스도와의 살아 있는 관계' 속으로 들어가도록 만드는 것은 사실이다. 그러나 이와는 달리 너무나 많은 사람들이 이 말씀을 '약속의 땅'으로 인도하는 지름길로 사용한다. 그 결과, 그들은 '약속의 땅' 대신에 '흑암의 땅'으로 가고 만다. 그 땅은 "죽음의 그늘의 땅이요 혼돈의 땅이요 빛이 꺼져버린 땅"(욥 10:22 참조)이다.

그렇다면 문제는 무엇인가? 내가 보기에, '그리스도를 영접하면 만사형통한다'는 생각이 문제인 것 같다. 이런 생각을 가진 사람들은 아쉬운 쪽이 우리가 아니라 그리스도라고 착각한다. 다시 말해서, 그들은 자기들이 그리스도 앞에 무릎을 꿇고 불안한 마음으로 그분의 판결을 기다려야 한다는 것을 모르고, 오히려 그분이 모자를 벗어들고 우리의 판결을 기다리시는 것으로 착각한다. 심지어 그들은 순간적인 마음의 충동에 의해서, 고통이나 손해 없이, 평상시의 삶의 방식을 바꾸는 수고 없이 그리스도를 영접할 수 있다고 믿는다.

이런 태도는 생사를 가르는 중대한 문제를 해결하는 데 아무런 효과가 없다. 비유를 들어보자. 과거에 이스라엘 민족이 유월절의 피를 '받아들인'(영접한) 후에 계속 애굽에서 종살이를 하겠다고 고집했다면, 탕자가 아버지의 용서를 '받아들인'(영접한) 후에 계속 먼 나라의 돼지들 틈에서 생활했다면 어떻게 되었겠는가? 그리스도를 영접하는 것이 어떤 의미를 가지려면 거기에 따르는 행동의 변화가 있어야 하는 것 아닌가?

'그리스도를 영접한다'는 것은 구원의 진리를 가장 잘 요약해서 표현할 수 있는 말이다. 그것은 '그리스도와 연합하는' 것을 의미한다. 그리스도와의 연합은 여타의 다른 모든 인간의 경험들과는 구별되는 독특한 인간의 경험이다. 이 연합은 지적인 측면, 의지적 측면 그리고 감정적 측면을 포괄한다. 지적인 면에서 신자(信者)는 예수님이 주(主)요, 그리스도라고 확신한다. 의지적 면에서 그는 어떤 대가를 치르더라도 그리스도를 따르겠다고 결심한다. 그 결과, 감정적인 면에서 그는 그리스도와의 교제에서 오는 큰 기쁨을 누린다.

이 연합은 그리스도의 모든 것을 기쁨으로 받아들이는 것이다. 그러므로 오늘 그분이 '구주'(救主, Savior)이심을 인정하면서도, 그분이 '주'(主, Lord)이심을 인정하는 것을 내일까지 미루는 비겁한 행위는 용납될 수 없다. 진짜 그리스도인은 그리스도의 일부분만을 받아들이지 않고 그분의 모든 것을 받아들인다. 또한 그는 '그리스도의 영접'이라는 혁명적(革命的) 거래에 자신의 일부가 아닌 모든 것을 투자한다.

그리스도를 영접하는 것은 그리스도 이외의 다른 모든 것들을 거부하는 것을 의미한다. 주님은 신자(信者)에게 있어서 단지 여러 관심의 대상들 중 한 분이 아니라, 유일한 대상이시다. 지구가 태양을 중심으로 공전하듯이, 신자는 그리스도를 중심으로 공전하면서 그리스도의 사랑에 감격하고 생명과 빛과 따스함을 공급받는다. 이렇게 복된 상태에서 그는 다른 여러 가지 일들에 정열을 쏟지만, '그와 그리스도 사이의 관계'가 그 일들을 철저히 지배한다.

그리스도의 모든 것들을 받아들이고 그분 이외의 다른 것들을 철저히 부정하는 것은 하나님의 명령이다. 여기서 신앙은 그리스도의 인격과 사역을 통해 하나님께 도달한다. 그러나 신앙은 그분의 사역을 그분의 인격에서 분리하지 않으며, 그리스도의 십자가를 그리스도 자신에게서 떼어놓지 않는다. 그리스도를 변형시켜서 믿는 것은 신앙이 아니다. 그리스도의 어떤 부분들을 배제하고 그리스도를 믿는 것도 신앙이 아니다. 그러므로 신앙은 그리스도께서 이루신 모든 구속 사역, 그리스도께서 지금 그리스도의 사람들을 위해 하늘에서 하고 계신 일, 그리고 그리스도께서 그들을 통해서, 그들 안에서 행하시는 모든 것을 받아들이고 기뻐하는 것이다.

그리스도를 영접하는 것은 "주(主)의 어떠하심과 같이 우리도 세상에서 그러하니라"(요일 4:17)라는 말씀의 의미를 이해하는 것이다. 신앙은 그리스도의 친구들을 우리의 친구들로, 그리스도의 원수들을 우리의 원수들로, 그리스도의 방법들을 우리의 방법들로, 그리스도께서 거부하시는 것을 우리가 거부하는 것으로, 그리스도의 십자가를 우리의 십자가로, 그리스도의 생명을 우리의 생명으로, 그리스도의 미래를 우리의 미래로 받아들이는 것이다. 이것이 그리스도를 영접하는 것이다. 그러므로 누군가 그리스도에게 호기심을 갖는다면, 우리는 그리스도를 영접하는 것이 무엇을 의미하는지를 그에게 모두 설명해 주어야 할 것이다. 만일 우리가 설명해주지 않는다면 그는 깊은 영적인 문제에 빠질지도 모른다.

바람을 안고 사는 사람들

신앙심이 깊은 사무엘 러더퍼드(Samuel Rutherford, 1600~1661. 스코틀랜드 출신의 목사이며 신학자 - 역자 주)는 "그리스도는 바람을 안고 계신다. 하나님은 당신을 그리스도 옆에, 그리스도와 같은 방향으로 세워놓으셨다. 그러므로 당신은 바람이 불지 않는 산허리의 양지바른 곳을 기대할 수 없다"라고 썼다.

러더퍼드가 가볍게 표현한 이 글에서도 그의 탁월한 감각과 표현력이 돋보인다. 이 글은 그리스도인의 삶과 관계된 본질적 사실들 중 하나를 아주 잘 표현한다. 그리스도가 바람을 안고 계시기 때문에, 그리스도와 같은 방향으로 걸어가는 우리도 역시 바람을 안고 살 수밖에 없다는 것이다. 다시 말해서, 우리는 풍력(風力)에 저항하면서 전진하지 않을 수 없는 것이다.

산허리의 양지바른 곳을 갈망하는 것은 인간의 본능이다. 우리 인간처럼 예민한 피조물이 이런 본능을 갖는 것 자체가 잘못은 아니라고 나는 생각한다. 찬바람이 부는 곳을 굳이 찾아다니는 사람은 없을 것이다. 그러나 교회의 장구한 역사(歷史)를 볼 때 교회는 바람을 안고 전진해야만 했다.

결신자(決信者)를 만들겠다는 열의에 사로잡힌 나머지 최근에 우리는 현대의 세일즈맨들이 사용하는 기법을 사용한 죄를 범한 것 같다는 것이 나의 솔직한 판단이다. 세일즈맨들은 상품의 좋은 점들만 이야기하고 다른 것들에 대해서는 언급하지 않는다. 우리는 사람들에게 접근하여 산허리의 양지 바른 곳에 아늑한 집이 있다고 설명한다. 그리스도를 영접하기만 하면, 그분이 마음의 평안을 주시고, 문제들을 해결해주시고, 사업이 번창하게 해주시고, 가정을 지켜주시고, 언제나 행복하게 해주실 것이라고 우리는 말한다. 그들은 우리의 말을 믿고 교회에 나온다. 그들에게 첫 찬바람이 몰아치면 그들은 떨면서 카운슬러에게 찾아가서 무엇이 잘못된 것인지를 알려고 한다. 그러나 안타깝게도, 그런 다음 그들 중 많은 사람들에 대해서 우리는 더 이상 아무 소식도 들을 수 없다.

그리스도의 교훈들을 정확히 연구해보면 우리는 그리스도께서 정말 '진리에 충실한 분'이라고 결론 내리지 않을 수 없다. 복음서의 어느 부분을 보아도 우리는 그리스도께서 지나치게 낙관적인 태도를 취하거나 비현실적인 것을 제시하신 것을 볼 수 없다. 그분은 진리의 전모(全貌)를 제시하고 사람들로 하여금 결단을 내리도록 하셨다. 그분은 사람들이 엄격한 진리에 너무나 부담을 느껴서 그분에게서 떠나는 것을 보시고 심히 마음이 아프셨을 것이다. 그러나 그분은 그들을 뒤따라가서 장밋빛 약속을 제시하지 않으셨다. 그분은 사람들이 모든 대가를 지불하면서 그분을 따르기를 원하셨지만, 그렇지 못한 사람들에 대해서는 그대로 내버려두셨다.

이 모든 것을 볼 때 우리는 그리스도께서 정직한 분이심을 알 수 있다. 우리는 그분을 신뢰할 수 있다. 그분은 자신이 아담의 후손들에게 인기가 없을 것임을 아셨다. 또한 그분은 그분을 따르는 사람들이 인기를 얻기를 기대해서는 안 된다는 것도 아셨다. 그분과 동행하는 사람들은 그분의 얼굴에 몰아치는 바람을 역시 느낄 수밖에 없다. 우리가 전도 대상자들에게 이런 사실을 숨긴다면 우리는 정직하지 못한 것이다.

진짜 신앙이냐 가짜 신앙이냐

'솜사탕처럼 달콤한 복음'을 제시하면서 산허리의 양지 바른 곳을 약속하는 것은 사람들을 잔인하게 속이는 것이다. 뿐만 아니라, 그것은 그런 약속을 믿고 회심(回心)한 사람들 중에서 다수의 사상자(死傷者)들이 발생하게 만드는 원인이 되기도 한다. 어떤 해외 선교지(宣敎地)들에서는 소위 '쌀 크리스천' (rice Christian)이라는 말이 생겨나기도 했다. 즉, "쌀만 주면 믿겠다"라고 하는 사람들을 가리키는 말인데, 다시 말해서 물질적 이익을 위해서 기독교를 받아들이는 사람들을 가리킨다. 노련한 선교사는, 그리스도에 대한 신앙을 받아들이기 위해서 비싼 대가를 치르는 회심자가 끝까지 신앙을 지키는 회심자라는 것을 잘 안다. 이런 회심자는 처음부터 바람을 안고 신앙생활을 시작한다. 그 바람이 점점 강해진다 할지라도 그는 뒤로 돌아서지 않는데, 왜냐하면 그는 바람을 견디는 데 익숙해졌기 때문이다.

그리스도의 제자가 되기 위해서 치러야 할 대가를 제대로 다 알려주지 않기 때문에 우리는 여기 북아메리카에서도 '쌀 크리스천들'을 양산(量産)하고 있다. 나이가 지긋한 사람들은 몇 년 전에 플로리다 주(州)에서 일어났던 부동산 열풍을 기억할 것이다. 그때 소수의 비양심적인 부동산 중개업자들이 악어가 사는 커다란 늪을 아무것도 모르는 북부 사람들에게 비싼 값에 팔아 큰돈을 벌었다. 이와 비슷한 일이 지금 교계에서도 벌어지고 있다. 지금 산허리의 양지 바른 곳에서는 기독교 중개업자들의 사업이 번창하고 있다. 수많은 사람들이 손쉬운 투자를 통해 신앙적 위로를 얻고자 몰려드는 통에 소수의 기독교 중개업자들이 부(富)를 얻고 있다. 그러나 이런 모습을 지켜보는 다른 많은 사람들은 기독교에 흥미를 잃게 될 것이다.

그리스도께서는 자신의 제자가 되겠다는 사람들에게 무엇을 약속하시는가? 그분은 죄사함, 내적 청결, 하나님과의 화평, 영생, 성령을 선물로 받는 것, 유혹의 극복, 죽은 자들로부터의 부활, 영화롭게 됨(영화), 불멸, 하나님의 집에서 영원히 거할 수 있는 처소 등을 약속하신다. 이것들은 그리스도를 믿고 그분에게 온전히 헌신할 때 얻을 수 있는 유익들이다. 이것들 외에도 우리에게는 영원한 영광과 기사(奇事)들이 무한대로 펼쳐질 것이다. 그러므로 우리는 사도 바울이 말하는 '그리스도의 측량할 수 없는 부요'가 어떤 것인지를 다 이해할 수 없다.

그리스도의 부르심을 받아들이는 것은 죄인을 변화시키지만, 세상을 변화시키지는 않는다. 바람은 지옥을 향하여 불기 때문에, 지옥이 아닌 천국을 향해서 걷는 사람은 바람을 안고 걸을 수밖에 없다. 이것은 우리가 영적인 것들에 대해 깊이 생각할 때 반드시 고려해야 할 사항이다. '그리스도의 측량할 수 없는 부요'에 동참하기 위해서 고난을 받는 것이 미련한 짓이라고 믿는 사람들이 우리 가운데 있다면, 그들은 '기독교 신앙을 가지고 장난을 치는 일'을 지금 당장 중단하는 것이 좋을 것이다.

예수님을 찾아왔던 젊은 부자는 제자가 되기 위해서 큰 대가를 지불해야 한다는 것을 알았을 때 근심스러운 얼굴로 예수님에게서 떠났다. 그는 산허리의 양지 바른 곳을 포기할 수 없었다. 그러나 감사하게도, 예수님에게서 떠나기를 거부하는 진짜 그리스도인들이 어느 시대에나 있다. 사도행전은 어린양이 어디로 가시든지 간에 박해와 고난의 강풍을 개의치 않고 예수님을 따랐던 사람들에 대한 기록이다. 그들은 세상이 이유 없이 그리스도를 미워하고, 그리스도 때문에 그들을 미워한다는 것을 알았다. 그러나 그들은 그들 앞에 놓인 영광을 위해서 흔들리시 않고 앞으로 전진했다.

결국 모든 것은 '진짜 신앙'이냐 '가짜 신앙'이냐의 문제라고 말할 수 있다. 진짜 신앙을 가진 사람은 그리스도의 승리를 믿기 때문에, 그 승리에 참여하기 위해서 어떤 고난도 마다하지 않는다. 반면, 가짜 신앙을 가진 사람에게는 "바람이 싫고, 산허리의 양지 바른 곳이 좋다"라는 확신만 있을 뿐이다. 모든 사람들은 당장은 평안을 주는 것 같은 가짜 신앙 편에 서야 할지, 아니면 영원한 평안을 주는 진짜 신앙 편에 서야 할지를 스스로 결정해야 한다.

3장 진짜는 주님의 '일' 보다 '주님'에 우선순위를 둔다

'일(work)의 복음'이 교회 안으로 밀고 들어와서 '그리스도의 복음'을 밀어냈다. '주님의 일'을 이루려고 노력하는 중에 종종 우리는 '일의 주님'과의 접촉을 잃어버렸다.

주변 세계에 집중하는 사고

'사고(思考)하는 것'은 삶의 한 부분이다. 사고하지 않는 삶은 그림자 같은 삶에 불과하기 때문에, 우리에게 아무 의미도 가치도 없다. 우리의 생각들은 우리의 사고 작용의 결과로 생긴 것이다. 우리의 생각들은 우리에게 너무나 중요하기 때문에 우리는 올바르게 사고하지 않으면 안 된다.

지금 여기서 내가 관심을 갖는 것은 '무거운 사고', 즉 '전문적이고 철학적인 사고'가 아니다. 깊이 있는 정신적 노고를 수행할 만큼 지적 훈련을 갖추고 의지력을 지닌 사람은 우리 가운데 거의 없다. 내가 언급하려는 것은 보통사람들이 태어나서 죽을 때까지 깨어 있는 시간에 머릿속으로 생각하는 정신 작용이다.

요점만 말하자면, 우리의 성품을 형성하는 것은 무거운 사고가 아니라 날마다 우리의 주변 세계에 조용히 생각을 집중하는 사고 작용이다. 위대한 시를 쓰거나 탁월한 그림을 그리는 진귀한 지적(知的) 업적보다 일상생활 속에서 날마다 하는 생각이 우리에게 더 큰 영향을 끼친다. 위대한 철학적 사고는 명성을 얻게 해줄지 모르지만, 일상적인 사고의 습관은 성품을 형성한다. 아인슈타인의 경이적인 지적 업적은 그의 인간성과는 아무런 관계가 없다. 오히려 그가 자신과 다른 사람들의 삶을 돌아보면서 순간순간 일상적으로 사고하고 느낀 것이 그의 인간성과 깊은 관계가 있다고 보아야 할 것이다.

우리를 둘러싸고 우리에게 영향을 주는 것은 두 가지이다. 하나는 우리 주위의 세계이며, 다른 하나는 그 세계에 대한 우리의 사고(思考)이다. 전자는 우리에게 직접적으로 영향을 끼칠 수 없고, 우리의 사고를 매개로 해서 우리에게 전달될 뿐이다. 결국 세계 자체보다 우리의 사고를 매개로 해서 우리에게 전달된 세계가 우리에게 영향을 끼친다.

서로 다른 세 가지 세계

숲 속을 나란히 함께 걸어가는 세 사람이 있다고 가정해보자. 그들은 시인, 박물학자 그리고 제재업자이다. 그런데 그들은 서로 다른 세 가지 세계에서 살고 있다.

시인의 마음은, 지금은 그의 키보다 몇 배 더 큰 거목이 잿빛 흙에서 작고 푸른 새싹으로 나오기 시작했던 몇 세기 전으로 돌아갈 수 있다. 그는 그 먼 옛날, 왕관을 쓰고 제국을 호령했던 권세자들을 기억한다. 그들은 오래전에 이 세상의 무대에서 사라지고 오직 소수의 역사가들에게 기억될 뿐이다.

박물학자의 세계는 시인의 그것보다 더 작고 세부적이다. 그는 나뭇가지들 사이에서 나오는 아름다운 새 소리를 듣는다. 하지만 그 새 소리가 너무 작기 때문에 그는 그 소리를 내는 새가 어떤 새인지를 알아내기 위해 귀를 기울인다. 그는 몇 백 년 된 나무들의 둥치에 끼어 있는 이끼가 어떤 종류인지를 알고 있다. 그는 다른 사람들이 보지 못하는 것을 본다. 예를 들면, 그는 나무껍질에 새로 생긴 짐승의 발톱 자국을 보고, 곰이 최근에 그리로 지나갔음을 알아챈다.

제재업자의 세계는 박물학자의 그것보다 더 작다. 그는 역사나 자연에는 관심이 없고 오직 목재에만 관심이 있다. 그는 나무의 높이와 직경이 얼마인지를 판단한 후, 시장에 내다 팔면 얼마의 이윤이 남을 것인지를 재빨리 계산한다. 그는 무미건조한 상업의 세계에 산다. 그는 그 세계 이외의 다른 것을 생각하지 않는다.

이 세 사람의 사고(思考)들은 동일한 하나의 외부적 세계를 세 개의 서로 다른 내부적 세계로 나누어놓았다. 외적인 사물과 사건은 단지 원재료(原材料)에 지나지 않는다. 우리의 마음이 이 원재료를 어떻게 가공하느냐에 따라 최종적인 생산품이 결정된다. '예수님을 배신한 자' 가룟 유다와 '예수님께 사랑받는 자' 요한은 동일한 외적 세계에 살았지만, 그 세계를 너무나 다르게 해석했다. 이런 구분은 가인과 아벨, 에서와 야곱 그리고 사울과 다윗에게도 적용된다. 그러므로 이런 사실을 볼 때 우리는 상황이 사람을 만드는 것이 아니라고 결론 내릴 수 있다. 사람이 상황에 어떻게 반응하느냐에 따라 그 사람이 어떤 사람이 되는가가 결정된다.

하늘을 향하는 사고

이제 우리 그리스도인들은 어떻게 해야 하는가? 그 대답은 다음 두 말씀에서 발견된다.

"너희 안에 이 마음을 품으라 곧 그리스도 예수의 마음이니" (빌 2:5).

"예수 그리스도께서 너희 안에 계신 줄을 너희가 스스로 알지 못하느냐 그렇지 않으면 너희가 버리운 자니라"(고후 13:5).

그리스도인 안에 거하시는 그리스도의 영(靈)이 그리스도인의 마음을 지배하고 인도해야 한다. 성령으로 충만하여 기도를 열심히 하는 그리스도인은 그리스도의 마음을 소유하고 있는 것이기 때문에, 외부 세계에 대한 그의 반응은 그리스도의 반응과 동일할 수밖에 없다. 그는 사람들과 사물들에 대해서 그리스도처럼 생각한다. 이렇게 될 때 모든 삶이 그리스도인에게는 신선한 과즙으로 변할 것이며, 그리스도인 안에 거하시는 성령님이 그 과즙을 낙원의 꿀로 바꾸어주실 것이다.

그러나 이런 과정이 저절로 이루어지는 것은 아니다. 우리 안에 은혜로운 일을 이루어주시기 위해서 하나님은 자신의 백성의 지혜로운 협력을 필요로 하신다. 우리가 하나님처럼 사고하기 위해서는 하나님을 늘 생각해야 한다. 프랑소와 마라발은 이렇게 말했다.

"하나님은 자신에게 오직 나밖에 없는 것처럼 언제나 나를 생각하신다. 그러므로 내가 나에게 하나님밖에 없는 것처럼 언제나 하나님만을 생각할 때 비로소 나는 하나님의 은혜에 겨우 보답하는 것이다."

우리를 둘러싸고 있는 사람들과 사물들에 대해서 생각할 때,

우리는 하나님에 대한 우리의 사고에 비추어서 그것들을 생각해야 한다. 성숙한 그리스도인은 어떤 것에 대해서도 직접적으로 사고하지 않는다. 그의 사고는 먼저 하나님께 갔다가, 그분에게서 다시 그분의 피조물로 나아간다. 야곱의 사닥다리에 나타난 천사들처럼 그의 사고들은 오르락내리락한다. 그렇게 하는 동안 하나님은 언제나 그의 사고들 위에서 모든 것들을 주재(主宰)하신다.

하늘을 향하는 마음을 가지려면 하늘을 향하는 사고를 해야 한다. 14세기 희랍정교회(正敎會) 교부(敎父) 니케포루스는 이렇게 말했다.

"그러므로 형제들이여, 우리 자신에게 돌아갑시다 … 왜냐하면 먼저 자신에게 돌아가서 우리 안에 있는 하늘나라에 끊임없이 주의를 집중하지 않는다면 우리가 하나님과 화해하고 연합하는 것이 불가능하기 때문입니다."

그의 말은 오늘날에도 그대로 적용된다. 우리의 마음이 성화(聖化)되려면 하나님이 우리의 모든 사고들을 주관하셔야 한다.

하나님을 묵상하는 것

시대와 다양한 교리적(敎理的) 강조점들을 초월하여 대부분의 그리스도인들이 동의하는 한 가지가 있다. 그것은 진지한 영적 열망을 가진 그리스도인은 하나님을 자주 오랜 시간 묵상해야 한다는 것이다.

현재 신앙인들의 가련(可憐)한 평균적인 영적 체험의 수준을 넘어서기를 갈망하는 그리스도인은 하나님을 모든 기독교 교리의 궁극적 목표로 인식해야 할 것이다. 삼위일체 하나님의 거룩한 비밀들을 알고 싶어 하는 그리스도인은 올바른 방법으로 그분을 늘 묵상해야 한다. 하나님을 알기 위해서 그는 끊임없이 그분을 생각해야 한다. 어떤 사람들은 깊은 영성(靈性)에 이르는 지름길을 발견하기 위해서 이제까지 자신과 하나님을 열심히 살펴보았지만 결국 실패했다. 누구나 깊은 영성에 도달할 수 있지만, 그렇게 되기 위해서는 비싼 대가를 지불해야 한다.

물론 하나님을 깊이 묵상하려면 우선 건전한 신학적 지식을 가지고 있어야 한다. 성령의 감동에 의하여 기록된 성경에 나타난 하나님의 자기 계시를 떠나서 그분을 찾는 것은 아무 소득이 없을 뿐만 아니라 위험하다. 또한 우리는 예수 그리스도를 주(Lord)와 구주(Savior)로 알고 온전히 신뢰해야 하나님을 묵상할 수 있다. 그리스도는 하나님에게 이르는 많은 길들 중의 하나도 아니고, 몇 가지 길들 중에서 최고의 길도 아니다. 그분은 유일한 길이시다.

"내가 곧 길이요 진리요 생명이니 나로 말미암지 않고는 아버지께로 올 자가 없느니라"(요 14:6).

이것을 믿지 않으면 그리스도인이 아니다. 이 시대에 심지어는 그리스도를 진심으로 믿는 사람들 중에도 위대한 성자(聖者)들을 찾아보기 힘든 이유는 무엇인가? 내가 확신하기에, 적어도 부분적으로 그 원인은 우리가 하나님을 아는 일에 충분한 시간을 투자하려고 하지 않기 때문이다. 침착성이 없는 우리는 안타깝게도 잘못 이해된 '활동주의'의 희생자들이다. 돈을 벌고 돈을 쓰고, 어디론가 갔다 오고, 조직하고 추진하고, 사고팔고, 일하고 노는 것, 이런 것들이 우리 삶의 전부이다. 우리는 계획을 세워서 실행하지 않으면 자신이 실패자요, 사회의 기생충이요, 불모의 땅이요, 무자(無子)한 환관(宦官)이라고 믿는다. 누군가 표현했듯이, 소위 '일(work)의 복음'이 교회 안으로 밀고 들어와서 '그리스도의 복음'을 밀어냈다.

'주님의 일'을 이루려고 노력하는 중에 종종 우리는 '일의 주님'과의 접촉을 잃어버릴 뿐만 아니라, 말 그대로 사람들을 탈진시킨다. 나는 자신들의 교회가 살아 있는 교회라고 자랑하는 목회자들을 종종 만난다. 그들은 주간(晝間)의 여러 집회들과 야간의 행사들을 적어놓은 달력을 그 증거로 제시한다. 그러나 이것은 그 목회자와 교인들이 잘못된 철학의 인도를 따르고 있음을 말해줄 뿐이다. 시간을 낭비하는 그들의 많은 활동들은 무익하며, 때로는 우스꽝스럽기도 하다. 무의미한 행사들을 자꾸 반복하는 이런 '열심 있는 사람들'은 "그러나 이렇게 함으로써 교제를 나눌 수 있고 서로 뭉칠 수 있다"고 반론을 제기할지도 모른다.

그러나 나는 그들이 제공하는 것은 교제가 아니라고 단언한다. 사람들을 뭉치게 만들기 위해서 교회가 제공하는 최선의 것이 그런 것이라면 그런 교회는 신약성경이 말하는 교회는 아니다. 참교회의 중심에 서서 사람들을 끌어당기는 분은 바로 예수 그리스도이시다. 참교제가 어떤 것인지를 우리에게 정의(定義)해주시는 분은 바로 성령님이시다.

"저희가 사도의 가르침을 받아 서로 교제하며 떡을 떼며 기도하기를 전혀 힘쓰니라"(행 2:42).

하나님께 집중된 시간

세상적인 사람은 안식을 얻기 힘들다. 그는 무엇인가 해야 할 것이 있어야 하고, 어딘가 가야 할 곳이 있어야 한다. 이것은 인간 타락의 결과요, 깊은 인간의 질병의 외형적 표출이다. 그런데 어리석은 종교 지도자들은 하나님의 말씀과 성령님의 능력을 통해서 이 질병을 고칠 생각을 하지 않고 오히려 더 부추기고 있다.

만일 지금 많은 교회들에서 이루어지는 활동들이 죄인을 구원하고 신자를 온전케 한다면, 사람들이 그런 결과들을 인정해 줄 것이고, 결국 큰 열매들을 맺을 것이다. 그러나 이런 일들은 일어나지 않는다. 그동안 개인적으로 관찰해본 결과 나는 "현재 교회들에서 이루어지는 활동들 중 많은 것들이, 아니 어쩌면 대부분이 그리스도의 일을 이 땅 위에서 진정으로 실현하는 데 어떤 면으로나 도움이 되지 않는다"라고 결론을 내렸다.

고독과 침묵의 열매들을 많이 맺을 수 있도록 시간을 할애하는 방향으로 교회의 활동들이 재편되어야 한다. 그러나 단지 시간을 할애하는 것으로 끝나서는 안 된다. 왜냐하면 분주한 일상에서 어렵게 시간을 만들어놓고도 자칫 그것을 낭비할 수 있기 때문이다. 우리가 어렵사리 마련한 '조용한 시간'(QT)은 하나님을 묵상하는 데 사용되어야 한다. 단지 자신과 조용히 대화하는 데 사용되어서는 안 된다. 자신과 대화하는 사람은 정신적인 수련에는 성공할지 몰라도 영적인 성숙을 이룰 수는 없다.

우리의 시끄럽고 분주한 활동들이 다 중지되어 우리가 하나님의 음성을 듣고 하나님을 느낄 수 있게 될 때까지 하나님은 기다리신다. 그런 시간이 되어서야 비로소 우리는 우리의 주의력을 성삼위(聖三位) 하나님께 집중시킬 수 있다. 성부, 성자, 성령

중에서 어떤 분이 현재 우리의 관심을 끌려고 하시는지는 중요하지 않다. 우리는 성령께서 현재 우리가 가장 주목해야 할 성삼위를 우리의 마음에 떠오르게 하실 것이라고 믿으면 된다.

하나님을 상상하지 말라. 만일 상상한다면, 그런 하나님은 상상 속의 하나님일 뿐이다. 어떤 사람들은 "하나님을 위하여 의자(椅子)를 준비했다"라고 하는데, 그렇게 해서는 안 된다. 왜냐하면 하나님은 영(靈)이시기 때문이다. 그분은 당신의 집 안이 아니라 당신의 마음 안에 거하신다. 성경을 깊이 묵상하고, 성경에 계시된 하나님을 신앙으로 받아들여라. 이것이 하나님을 아는 최고의 방법이다.

4장

THAT INCREDIBLE CHRISTIAN

진짜는 행복보다 거룩을 열망한다

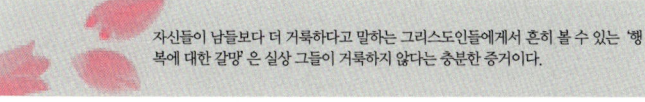

자신들이 남들보다 더 거룩하다고 말하는 그리스도인들에게서 흔히 볼 수 있는 '행복에 대한 갈망'은 실상 그들이 거룩하지 않다는 충분한 증거이다.

참된 영성의 척도

영성(靈性)의 개념은 그리스도인들의 모임마다 서로 다르다. 어떤 모임에서는 신앙에 대해서 끊임없이 큰 목소리로 말하는 사람이 신령한 사람으로 간주된다. 또 어떤 모임에서는 신앙생활에 있어서 열심을 내면서 활기에 찬 모습이 영성의 특징으로 여겨진다. 그리고 또 어떤 모임에서는 가장 먼저, 가장 길게, 가장 큰 소리로 기도하는 사람이 가장 영적인 사람이라는 명성을 얻는다.

열렬한 간증, 빈번한 기도, 큰 찬양이 영성과 관계가 없다고 말할 수는 없겠지만, 그런 것들 자체는 영성도 아니고, 영성의 증거도 아니다.

참된 영성의 척도는 '우리에게서 주로 나타나는 욕구들이 무엇이냐?' 라는 것이다. 이런 욕구들은 언제나 우리 속에 깊이 자리 잡고 있는 욕구들로, 우리의 삶에 동기(動機)를 부여하고 우리의 삶을 통제할 만큼 강력하다. 이런 욕구들 몇 가지에 대해서 살펴보도록 하자. 여기서 이것들이 언급되는 순서는 중요성과는 아무 관계가 없다.

첫째 / 거룩해지기를 바라는 욕구

자신들이 남들보다 더 거룩하다고 말하는 그리스도인들에게서 흔히 볼 수 있는 '행복에 대한 갈망' 은 실상 그들이 거룩하지 않다는 충분한 증거이다. 정말로 신령한 사람은, 기쁜 일이 생겨도 교만해지지 않을 정도로 성숙했을 때 비로소 하나님이 우리에게 기쁨을 부어주신다는 것을 잘 안다. 존 웨슬리는 초기 감리교 단체들 중 한 단체의 구성원들에 대해 이렇게 말했다.

"내가 보기에, 그들은 사랑 안에서 온전해진 것 같지 않습니다. 왜냐하면 그들은 어떻게 하면 거룩해질 수 있는지를 배우기 위해서가 아니라, 종교를 즐기기 위해 교회에 오기 때문입니다."

둘째 / 하나님의 영광에 대한 갈망

이 세상에서 스스로 고난과 수치를 당하면서까지 하나님의 영광을 위해 노력하는 사람은 신령하다고 말할 수 있다. 이런 사람은 "이름이 거룩히 여김을 받으시오며"라고 기도한 후, 속으로 "제가 어떤 희생을 치르더라도 … "라는 말을 덧붙인다. 그는 일종의 영적 '반사작용'에 의해서 하나님의 영광을 위해서 산다. 그는 모든 선택의 순간에 하나님의 영광을 추구하는 방향으로 선택한다. 그는 선택할 때에 자기 자신과 논쟁을 벌일 필요가 없다. 왜냐하면 하나님의 영광을 갈망하는 그의 마음은 확고하기 때문이다. 질식 상태에 놓인 사람이 공기를 갈망하듯이 그는 하나님의 영광을 갈망한다.

셋째 / 스스로 십자가를 지려는 마음

영적인 사람은 자신의 십자가를 지기를 원한다. 많은 그리스도인들은 역경과 환난을 받아들일 때 한숨을 쉬면서 그것을 '십자가'라고 부른다. 하지만 그들은 역경과 환난이 의인과 악인에게 모두 찾아온다는 것을 잊고 있다. '십자가'라는 것은 우리가 굳이 당하지 않아도 되는 환난을 그리스도에게 순종하기 때문에 당하는 것이다. 이 십자가는 우리에게 강요되는 것이 아니라, 우리가 결과를 충분히 예상하면서도 자발적으로 지는 것이다. 우리는 그리스도에게 순종하기를 선택하고, 그렇게 함으로써 우리의 십자가를 선택하는 것이다.

십자가를 진다는 것은 그리스도에게 연합되고, 그리스도의 주권적 지배를 받아들이고, 그리스도의 명령에 순종하는 것이다. 이렇게 하는 사람이 바로 신령한 사람이다.

넷째 / 하나님의 관점에서 판단하려는 욕구

모든 것을 하나님의 관점에서 보는 사람이 영성이 깊은 그리스도인이다. 모든 것들을 하나님의 저울로 달아보고 하나님께서 평가하시듯이 그것들의 가치를 평가하는 것이 성령 충만한 삶의 표시이다.

하나님은 모든 것들을 보시되, 그것들을 꿰뚫어보신다. 즉, 하나님은 단지 표면만을 보시는 것이 아니라 본질을 꿰뚫어보신다. 육적인 그리스도인은 본질을 보지 못하고 겉모습만 보기 때문에 겉모습에 따라 우쭐하기도 하고 낙심하기도 한다. 그러나 영적인 그리스도인은 하나님이 보시듯이 깊이 있게 꿰뚫어보고, 그분이 판단하시듯이 판단한다. 이렇게 함으로써 사람들이 보기에 그의 명예가 손상되고 그의 무지(無知)가 드러나서 곤란을 당한다 할지라도 그는 하나님의 관점에서 모든 것을 판단하기를 고집한다.

다섯째 / 의로운 삶에 대한 욕구

신령한 사람의 또 다른 특징은 잘못 사느니 차라리 옳게 죽는 것을 택하는 것이다. 성숙한 하나님의 사람의 확실한 특징은 생(生)에 초연한 자세를 취하는 것이다. 세상을 사랑하며 몸에 집착하는 그리스도인은 죽음을 생각하면 두려움에 떤다. 그러나 이런 그리스도인이라 할지라도 계속적으로 성령 안에서 살아가면 점점 이 땅에서 얼마 동안 더 살 수 있는지에 집착하지 않고, 오히려 남은 인생을 어떻게 살아야 가치 있게 사는 것인지에 관심을 기울인다. 그는 이 세상에서의 삶을 더 연장하려고 신앙적 가치를 희생시키고 타협의 대상으로 삼는 불신앙을 용납하지 않는다. 그가 가장 원하는 것은 의로운 삶이다. 그는 하나님께서 그의 여생(餘生)의 길이를 결정하시도록 맡기고 평안을 누린다. 그는 자신이 그리스도 안에 있기 때문에 지금이라도 죽을 수 있으며, 또한 자신이 옳게 살아야 한다는 것을 안다. 바로 이런 지식이 그의 사고(思考)와 행동이 잘못된 방향으로 흐르지 않도록 중심을 잡아준다.

여섯째 / 기꺼이 희생하려는 마음

성령 충만한 그리스도인의 또 다른 특징은 다른 사람들이 발전할 수 있도록 자신을 기꺼이 희생하는 것이다. 그는 다른 그리스도인들을 자신보다 낫게 여기고, 자신은 주목받지 못해도 그들이 향상되는 것을 보고 기뻐한다. 그의 마음에는 시기심이 없다. 그의 형제들이 영예를 얻을 때 그는 기뻐하는데, 왜냐하면 그것이 바로 하나님의 뜻이며, 그 뜻이 그의 지상(地上) 천국이기 때문이다. 하나님이 기뻐하실 때 그도 역시 기뻐하는데, 왜냐하면 그는 하나님이 기뻐하시기를 원하기 때문이다. 다른 사람들이 그보다 높아지는 것을 하나님이 기뻐하신다면 그는 자신의 낮아짐을 얼마든지 기쁨으로 받아들인다.

일곱째 / 시간을 초월하는 마음

영적인 사람은 '시간의 관점'에서가 아니라 '영원의 관점'에서 판단하는 습관이 있다. 신앙에 의해서 세상의 풍조와 시간의 유한성을 초월한 그는 마치 이미 이 세상을 떠나서 하늘나라에 도달한 사람처럼 생각하고 느끼는 법을 배운다. 다시 말해서, 그는 그리스도의 교회의 구성원들과 무수한 천사의 무리에 이미 합류한 사람처럼 생각하고 느끼면서 이 세상에서 살아간다. 이런 사람은 유명한 사람보다는 유용한 사람이 되고, 섬김을 받기보다는 섬기는 사람이 되기를 원한다.

이런 모든 것들은 우리 안에 거하시는 성령님의 활동에 의해서 이루어져야 한다. 누구도 자기 혼자의 힘으로 신령한 사람이 될 수 없다. 자유로우신 성령님만이 사람을 신령하게 만들 수 있다.

무료 교환

"오직 여호와를 앙망하는 자는 그의 힘을 새롭게 할 것이다" (사 40:31, 영어성경 KJV).

몇 년 전에 나는 한 위대한 설교자가 하는 말을 들었다. 그는 이렇게 말했다.

"이사야서 40장 31절에서 '새롭게 하다'(renew)라는 말은 사실 '교환하다'(exchange)를 의미한다. 그러므로 이 구절에 나오는 '그의 힘을 새롭게 할 것이다'를 '그의 힘을 교환할 것이다'로 바꾸어서 읽어야 한다"(한글 개역성경에는 이 부분이 '새 힘을 얻으리니'로 번역되어 있다 - 역자 주).

이상하게도, 지금 나는 그가 그의 설교를 어떻게 전개했는지 또는 이 본문을 어떻게 적용했는지 기억이 나지 않는다. 그렇지만 최근 나는 그가 아주 중요한 진리를 발견했다는 것을 깨닫게 되었다. 그 진리는, 그리스도인의 체험의 많은 부분이 나쁜 것을 좀 더 좋은 것으로 '교환하는' 과정이라는 사실이다. 이것은 실로 복되고 기쁜 거래가 아닐 수 없다!

기독교 교리의 뿌리는 '대속(代贖)의 교리'이다. 대속은 죄인들의 죄가 구주에게 전가된 것을 의미한다. 나는 비기독교인들이 이 교리를 얼마나 맹렬히 공격하는지를 잘 안다. 그러나 이 세상의 지혜로운 자들은 소박한 사람들이 무릎을 꿇고 발견하는 보물을 교만 때문에 발견하지 못한다. 사도 바울은 "하나님이 죄를 알지도 못하신 자로 우리를 대신하여 죄를 삼으신 것은 우리로 하여금 저의 안에서 하나님의 의(義)가 되게 하려 하심이니라"(고후 5:21)라고 말하지 않았는가? 이 진리는 너무나 분명하기 때문에 고의적으로 눈을 감아버리는 사람이 아니라면 결코 놓칠 수 없다. 그리스도께서 십자가에서 죽으심으로 말미암아 죄인이 죄에서 벗어나 그리스도의 의를 취할 수 있게 되었다! 이렇게 간단한 것이다. 그 누구도 이 진리를 믿도록 강요할 수는 없을 것이다. 그러나 그가 받아들이든 받아들이지 않든 진리는 진리이다.

그런데 이것은 단지 시작에 불과하다. 이런 시작 이후에 거의 모든 것은 나쁜 것을 좋은 것으로 교환하는 과정의 연속이다. 죄가 의로 바뀐(교환된) 다음에는 '진노'가 '받아들임'으로 교환된다. 오늘은 하나님의 진노가 '죄를 지으면서 회개하지 않는 사람' 위에 머물지만, 내일은 하나님의 미소가 그 사람 위에 머물 수 있다. 오늘과 내일 사이에 무슨 일이 일어나야 이것이 가능하겠는가? 그가 회개와 신앙을 통하여 '정죄의 자리'

를 '아버지의 집'으로 교환하면 된다. 그는 본래 하나님에 의해서 거부당할 수밖에 없는 존재였지만, '하나님이 사랑하시는 아들' 안에서 받아들여진 것이다. 이것은 인간의 어떤 수단이나 방법에 의해서가 아니라, 하나님의 은혜의 행위에 의해서 된다.

그 다음에 일어나는 교환은 죽음과 생명의 교환이다. 그리스도께서 죽은 자들을 위해서 죽으신 것은 그들을 살리기 위함이었다. 이 진리를 이해하기 위해 다소 난해(難解)한 바울의 고백을 인용한다면 바울도 기뻐할 것이다.

"내가 그리스도와 함께 십자가에 못 박혔나니 그런즉 이제는 내가 산 것이 아니요 오직 내 안에 그리스도께서 사신 것이라 이제 내가 육체 가운데 사는 것은 나를 사랑하사 나를 위하여 자기 몸을 버리신 하나님의 아들을 믿는 믿음 안에서 사는 것이라"(갈 2:20).

이것은 참으로 신비로운 사실이지만, 그렇다고 해서 전혀 믿지 못할 것은 아니다. 이것은 하나님의 길과 인간의 길이 얼마나 서로 다른지를 보여주는 좋은 예이다. 인간은 구두를 더 좋아지게 하려면, 구둣방으로 가서 그것을 수선한다. 마찬가지로, 인간은 품종개량을 통해 좋은 소를 만들어내고, 작업공정의 합리화를 통해 자동차와 비행기의 품질을 향상시키고, 다이

어트와 비타민과 수술을 통해 건강을 증진시키고, 접목법(接木法)을 통해 식물을 개량하고, 교육을 통해 인간을 성숙하게 만든다. 그러나 하나님의 방법은 이런 방법들과는 완전히 다르다. 그분은 기존의 것을 꿰매어서 좀 더 좋은 것을 만들어내는 방법을 사용하지 않으신다. 그분은 인간을 새 사람으로 만듦으로써 인간을 변화시키신다. 그분은 새 생명을 주시고, 옛 사람을 파괴하는 작업에 착수하신다.

이 단계에서, 앞에서 이사야의 본문에서 암시되었듯이, 그리스도인은 약한 것을 강한 것으로 교환한다. 하나님이 자신의 백성들을 강하게 만드신다고 말하는 것은 잘못된 것이 없다. 그러나 좀 더 정확히 말하자면, 그들은 그들의 연약함에 비례하여 그만큼 강하게 된다. "내가 약할 그 때에 곧 강함이니라"(고후 12:10)는 바울의 말은 이 진리를 잘 말해준다. 바울은 이렇게 말함으로써 스스로 모든 그리스도인들을 위하여 모범을 보여준 것이다.

사실, 가장 강한 상태에 있는 가장 순수한 성도조차 그의 회심(回心) 전과 마찬가지로 약하다. 회심을 통해서 그에게 일어난 변화는 단지 미미한 인간의 자원이 아닌 하나님의 무한한 능력으로 살 수 있게 되었다는 것이다. 말 그대로 그는 약한 것을 강한 것으로 교환했다. 물론 그 교환 후에도 그 '강함'은 그의 것이 아니다. 그 '강함'은 그가 그리스도 안에 머무는 동안 하나님으로부터 그에게 흘러들어온 것일 뿐이다.

성화

그리스도인의 삶에 있어서 중대한 문제들 중의 하나는 성화(聖化)의 문제이다. 성화의 문제는 "거룩하신 하나님과 깊은 교제를 갖기를 원하는 사람이 어떻게 해야 최고의 순수한 상태에 도달할 수 있느냐?" 하는 문제이다. 이 문제를 제기하고 그것의 해결 방법을 모범적으로 보여준 것이 사도 바울이 쓴 로마서 7장과 8장이다. "오호라 나는 곤고한 사람이로다 이 사망의 몸에서 누가 나를 건져내랴"(롬 7:24)라는 문제 제기에 대한 답은 "그리스도 예수 안에 있는 생명의 성령의 법이 죄와 사망의 법에서 너를 해방하였음이라"(롬 8:2)이다.

인간이 도덕적 삶을 살기 위해 열심히 노력하면 좀 더 높은 외적(外的) 도덕성의 단계로 올라설 수 있다는 것은 부인할 수 없는 사실이다. 이교도 황제 마르쿠스 아우렐리우스(Marcus Aurelius, A.D. 120~180. 로마 황제이며 철학자 - 역자 주) 또는 천한 노예 에픽테투스(Epictetus, A.D. 60~120. 스토아학파의 철학자로서 니코폴리스에서 활약했다 - 역자 주)는 대부분의 그리스도인들이 부끄러워할 만큼 높은 수준의 도덕적 삶을 살았다. 그러나 그들은 성결을 알지 못했다. 그리스도인은 그 무엇보다도 성결을 갈망한다. 그러나 그는 자신의 힘으로 성결에 도달할 수 없다.

심슨(A.B. Simpson, 1843~1919. 목사로서 많은 은혜로운 찬송가들을 작사 및 작곡했다. 한글 찬송가 133, 408장은 작사, 456, 498, 530장은 작사·작곡한 것 - 역자 주)은 성결하기 위해 아무리 노력해도 소용이 없다는 것을 체험을 통해 깨달은 후, 성경에서 참성결의 방법을 발견했다. 자신의 설교의 결론 부분에서 사용할 목적으로 작곡한 찬송가에서 그는 이것을 다음과 같이 표현한다.

저는 주님을 저의 성결로 받아들입니다.
주님은 제 영혼을 위한 흠 없는 천상(天上)의 옷입니다.
저는 주님을 저의 의(義)로 받아들입니다.
저는 주님이 저의 성결의 문제를 떠맡으신 것을 받아들입니다.

우리는 성결하게 되려는 노력을 버리고 하나님이 우리 안에서 성결을 이루시도록 의지하면 된다. 틀림없이 그분이 떠맡으실 것이다.

우리가 그리스도인으로서 교환해야 할 것들은 많이 있다. 우리의 무지(無知)를 그분의 지식으로, 우리의 어리석음을 그분의 지혜로, 우리의 단점을 그분의 장점으로, 우리의 슬픈 죽음을 그분의 복된 영생으로 교환해야 한다. 그리하여 결국 우리는 '보지 않고 믿는 신앙'을 '얼굴과 얼굴을 대하여 보고 믿는 신앙'으로 교환하게 될 것이다.

5장
진짜는 신앙의 기본에 충실하다

그리스도인은 하나님이 그를 미몽(迷夢)에서 구하기 위해 마련해주신 수단들인 기도, 신앙, 꾸준한 성경말씀의 묵상, 순종, 겸손, 진지한 사색, 성령님의 조명을 중시해야 한다.

영적 미몽에서 벗어나는 길

세상을 살다보면 참과 거짓, 선과 악을 구별하기가 참으로 힘들기 때문에 오류에서 완전히 벗어나기가 쉽지 않을 때가 있다. 그리스도인들도 예외가 아니기 때문에 그들의 생각(판단)과 행동이 오류에 빠질 수 있다.

이 세상 어디에서나 참과 거짓이 함께 고속도로를 달리고, 동일한 들판과 공장에서 일하고, 한 교회에 출석하고, 같은 비행기를 타고, 똑같은 가게에서 물건을 산다. 거짓은 참을 모방하는 데 너무나 능숙하기 때문에 우리는 이 두 가지를 자꾸 혼동하게 된다. 오늘날 누가 가인이고 누가 아벨인지를 구별하려면 매우 날카로운 눈을 가져야 한다.

우리는 우리 영혼의 건강을 해치는 것을 예민하게 경계해야 한다. 이삭은 야곱의 팔을 만졌지만 그것을 에서의 팔이라고 믿었다. 예수님의 제자들도 자기들 중에서 배신자가 나올 것을 알아채지 못했다. 그것을 유일하게 알아챈 사람이 있었다면 그것은 바로 가룟 유다 자신이었다.

함께 어울리면 아주 편하고 즐거운 사람이 있다. 그는 말도 부드럽게 하기 때문에 호감을 준다. 그러나 이런 사람이 때로는 사탄의 사자(使者)일 수 있다. 반면 거칠고 직언(直言)을 마다하지 않기 때문에 자꾸 피하게 되는 사람이 있다. 그러나 이런 사람이 우리에게 영적 위험성과 영원한 멸망에 대해 경고하기 위해 하나님이 보낸 선지자일 수 있다.

그러므로 그리스도인은 하나님이 그를 미몽(迷夢)에서 구하기 위해 마련해주신 모든 수단들을 충분히 이용하는 것이 무엇보다도 중요하다. 그 수단들은 기도, 신앙, 꾸준한 성경말씀의 묵상, 순종, 겸손, 진지한 사색, 성령님의 조명이다.

첫째 / 기도

기도가 우리를 오류에 빠지지 않게 무조건 다 지켜주는 것은 아니다. 왜냐하면 기도의 대상이 중요하고 어떤 기도들은 유익은 없고 오히려 해롭기 때문이다. 바알 선지자들은 광란적(狂亂的)으로 기도하면서 심지어 제단 위로 뛰어오르기도 했다. 그렇지만 그들의 기도는 전혀 응답받지 못했는데, 그 이유는 그들이 존재하지도 않는 신(神)에게 기도했기 때문이다. 바리새인들이 기도를 드렸던 하나님은 존재하셨지만, 그들의 기도에 응답하기를 거부하셨다. 왜냐하면 그들은 교만하고 자기의(自己義)에 빠져 있었기 때문이다. 바알 선지자들과 바리새인들의 경우를 타산지석(他山之石)으로 삼아 우리는 교훈을 얻을 수 있다.

기도를 하는 데 많은 어려움들과 문제점들이 따를 수 있지만 그래도 기도는 오류를 피하고 올바른 길을 가고 올바른 곳에 머물 수 있도록 도와주는 강력하고 효과적인 방법이다. 야고보는 "너희 중에 누구든지 지혜가 부족하거든 모든 사람에게 후히 주시고 꾸짖지 아니하시는 하나님께 구하라 그리하면 주시리라"(약 1:5)라고 가르친다. 다른 조건들이 똑같다면, 기도하는 사람은 기도하지 않는 사람보다 오류에 빠질 가능성이 적다. 그러므로 우리는 "항상 기도하고 낙망치 말아야"(눅 18:1) 한다.

둘째 / 신앙

사도 바울은 믿음(신앙)이 '방패'라고 말한다(엡 6:16 참조).

신앙의 사람은 단순하게 하나님을 신뢰하기 때문에 평안한 가운데 행한다. 하나님은 우리가 하나님을 믿어드릴 때 기뻐하시기 때문에 천국의 모든 보화를 신앙의 사람에게 허락하신다.

그런데 여기서 '신앙'이라고 말할 때 우리는 그 의미를 분명히 짚고 넘어가야 한다. 신앙의 사람이 낙관적으로 변할 가능성이 높은 것이 사실이지만, 신앙은 낙관주의가 아니다. 신앙의 사람이 밝고 명랑한 성격의 소유자가 되는 것이 사실이지만, 신앙이 '쾌활함'은 아니다. 또한 신앙은 자신이 행복하다고 느끼거나 사람들 사이의 교제를 즐기면서 감사하는 것이 아니다. 신앙은 성경에서 발견되는 하나님의 '자기 계시'를 믿는 것이다.

셋째 / 성경 묵상

믿음은 들음에서 나며 들음은 하나님의 말씀으로 말미암는다(롬 10:17 참조). 성경은 우리를 정결하게 하고 강하게 하고 우리에게 교훈을 주고 깨우침을 주고 지식을 준다. 복된 사람은 성경말씀을 주야로 묵상할 것이다.

넷째 / 순종

마귀의 올무에서 벗어나려면 하나님의 사람은 하나님의 말씀에 온전히 복종해야 한다. 고속도로를 달리는 운전자가 안전하려면 길가에 세워진 도로표지판을 읽는 것만으로는 부족하다. 그는 도로표지판의 지시에 순종하여 운전해야 한다. 성경도 마찬가지이다. 성경이 우리에게 유익이 되려면 우리는 성경 말씀에 순종해야 한다.

다섯째 / 겸손

'진리의 인식(認識)'과 겸손 사이에는 밀접한 관계가 있다.

"온유한 자를 공의로 지도하심이여 온유한 자에게 그 도를 가르치시리로다"(시 25:9).

성경은 절대 교만한 자의 편을 들지 않는다. 오직 유순한 양(羊)만이 목자의 인도를 받을 수 있으며, 오직 겸손한 자녀만이 하나님 아버지의 인도의 손길을 기대할 수 있다. 오직 교만한 자들만이 진리에서 떠났다. 교회를 괴롭혀온 모든 이단들 뒤에는 자신을 믿는 교만이 숨어 있었다. 이것이 교회 역사(歷史)의 증언이다.

여섯째 / 진지한 사색

우리는 사색해야 한다. 인간의 사유(思惟)에는 한계가 있는 것이 사실이다. 그러나 사색하지 않는 사람의 마음에는 많은 진리가 저장될 수 없을 것이다. 현재 복음주의자들은 두 진영으로 나뉘는 것 같다. 한쪽에는 인간의 이성적(理性的) 능력을 너무 믿은 나머지 이성주의에 빠진 사람들이고, 다른 한쪽은 지적인 것들이라면 모두 의심스럽게 여기면서 사색이 시간 낭비라고 믿는 사람들이다.

이 두 진영이 모두 잘못된 것은 분명하다. 자의식(自意識)이 너무 강한 주지주의(主知主義)는 사람에게나 하나님에게 불쾌한 것이다. 그렇지만 분명한 사실은, 성경에 나오는 중요한 계시들은 전부 뛰어난 지적 능력을 가진 사람들에게 주어졌다는 것이다. 우리에게 깊은 사색을 권하는 성경구절들을 인용하자면 얼마든지 인용할 수 있을 것이다. 그러나 굳이 그런 구절들을 열거하지 않더라도, 성경을 전체적으로 읽은 사람은 성경 전체가 우리에게 깊은 사색을 권하는 분위기를 풍긴다는 것을 느낄 수 있다. 성경은, 지극히 높으신 분의 성도들은 진지하고 사려 깊은 사람들일 것이라고 당연시한다. 성경은, 사색하는 것이 죄악된 것이라는 인상을 주지 않는다.

일곱째 / 성령의 조명

성령님의 내적(內的) 조명이 없는 사색은 무익할 뿐만 아니라 위험스럽다. 인간의 지성은 타락했다. 배는 항해 지도의 도움이 없이는 대양(大洋)을 항해할 수 없다. 이와 마찬가지로, 성령님의 내적 조명을 받지 못하는 인간의 지성은 진리, 절반의 진리, 완전한 오류가 뒤섞여 있는 대양을 가로질러 목적지에 도달할 수 없다. 하나님은 우리에게 성령님을 주셔서 우리의 마음에 빛을 비추게 하셨다. 성령님은 우리에게 눈(眼)이 되시고, 이해력이 되신다. 우리는 결코 그분 없이 살아가려고 해서는 안 된다.

6장 진짜 그리스도인의 자가 진단법

스스로에게 "내가 이 세상에서 가장 원하는 것이 무엇인가?"라고 물어보라. 정말 원하는 것을 솔직히 말하라. 그러면 당신은 스스로가 어떤 사람인지를 알게 될 것이다.

커튼 뒤에 숨는 사람들

사람들은 그들의 참된 자아를 남들에게, 심지어 자기 자신에게 숨기기 위해 아주 극단적인 일까지도 서슴지 않는다. 역설적으로 말해서, 이것은 그들이 얼마나 두려움과 불확실성에 사로잡혀 있는지를 잘 말해준다.

거의 모든 인간은 태어나서 죽을 때까지 커튼 뒤에 숨어서 살아간다. 다만 어떤 감정적 충격을 받을 때 그 커튼 밖으로 잠시 나왔다가 최대한 빨리 다시 커튼 뒤로 숨는다. 이렇게 평생 자신을 숨기면서 살아가면 어떤 결과가 생기겠는가? 사람들은 그들의 이웃의 참모습을 거의 알지 못할 뿐만 아니라, 더 나쁜 것은, 자기 자신까지도 잘 알지 못하게 된다.

우리가 '우리 자신에 대해서 아는 것', 즉 '자아 인식'은 하나님을 찾고 하나님의 의(義)를 추구함에 있어 매우 중요하다. 그렇기 때문에, 우리는 가면을 벗고 자신을 있는 그대로 드러내기 위해서라면 그 어떤 것도 마다하지 않고 과감히 실행해야 한다. 실제로 나타나는 증거들에 반(反)하여 대부분의 사람들이 스스로를 아주 높게 평가하는 경향이 있다. 이것은 최대의 종교적 비극들 중의 하나이다. 우리는 자신에게 너무 도취된 나머지 자신의 잘못을 고치려고 시도하지 않는다. 자기가 병들었다고 생각하지 않는 사람은 의사를 찾지 않는 법이다.

오직 하나님의 말씀과 성령님만이 우리의 도덕적 및 영적 상태를 드러내실 수 있다. 우리의 마음을 최종적으로 판단할 수 있는 분은 오직 하나님이시다. 우리는 서로를 판단하지 말아야 하며(마 7:1-5 참조), 심지어 자기 자신도 판단하지 말아야 한다(고전 4:3 참조). 궁극적 판단은 불꽃 같은 눈으로 사람들의 생각과 행위를 완전히 꿰뚫어보시는 분의 몫이다. 나 개인으로서도 최종적 판단을 그분께 맡길 수 있다는 것이 기쁘다.

이제까지 말한 것이 모두 참이다. 그러나 한편으로, 우리가 스스로를 판단해야 할 부분이 있는 것도 사실이다(고전 11:31,32 참조). 우리의 자기 발견이 불완전하고 우리의 자기 판단이 대부분 편견에 빠진 것이기는 하지만 우리는 우리의 영적 위치를 찾아주려고 애쓰시는 성령님과 협력하여 스스로를 살펴야 한다. 왜냐하면 성령님은 우리가 상황의 필요에 따라 우리 자신을 변화시키도록 도우시기 때문이다.

자기 발견을 위한 질문들

하나님은 이미 우리에 대하여 모든 것을 다 알고 계신다(시 139:1-6 참조). 이제 남은 것은 우리가 스스로를 최대한 정확히 아는 것이다. 그러므로 이제 나는 자기 발견을 위한 몇 가지 질문들을 제시하고자 한다. 비록 이 질문들이 우리의 모든 것들을 밝혀주지는 못할지라도 적어도 부분적으로는 도움이 될 것이다.

첫째, 내가 가장 원하는 것은 무엇인가?

우리는 마음을 차분히 가라앉히고 조그마한 흥분이라도 다 잠재우고 마음속에서 흘러나오는 세미한 욕구의 소리를 듣기만 하면 된다. 스스로에게 "내가 이 세상에서 가장 원하는 것이 무엇인가?"라고 물어보라. 틀에 박힌 진부한 답을 하지 말라. 정말 원하는 것을 솔직히 말하라. 그러면 당신은 스스로가 어떤 사람인지를 알게 될 것이다.

둘째, 내가 가장 많이 생각하는 것은 무엇인가?

우리는 삶을 살아가는 데 필수적으로 요구되는 것들에 대하여 생각하도록 강요받을 것이다. 그러나 이런 것들 말고, 당신이 자발적으로 원해서 생각하는 것이 무엇인가? 우리의 생각들은 '우리 마음의 은밀한 보물' 주위에 모여들기 마련이다. 우리의 생각들을 끌어당기는 바로 그 보물이 우리가 어떤 사람인지를 드러내게 되어 있다(마 6:21 참조).

셋째, 나는 내 돈을 어떻게 쓰는가?

이 질문에 답을 하면서 우리는 의무적으로 돈을 지출해야 하는 것들을 빼놓고 생각해야 한다. 예를 들어, 세금을 내거나 가족과 자신을 위한 생필품을 사기 위해 지출하는 돈은 여기서 고려의 대상이 되지 못한다. 왜냐하면 이런 것들에 돈을 어떻게 쓰느냐 하는 것은 우리가 어떤 존재인지를 거의 드러내지 못하기 때문이다. 우리가 자신의 뜻대로 마음대로 쓸 수 있는 돈이 생겼을 때 그 돈을 어떻게 쓰느냐 하는 것이 우리가 어떤 사람인지를 드러낸다.

넷째, 나는 여가를 어떻게 보내는가?

우리 시간의 많은 부분이 문명화된 삶을 영위하고 지속하는

데 소요되고 있지만, 그래도 우리에게는 어느 정도의 자유시간이 주어진다. 바로 이 자유시간을 어떻게 사용하느냐가 우리가 어떤 존재인지를 드러낸다. 여가가 생기면 대부분의 사람들은 텔레비전을 보거나, 장기를 두거나, 언론이 전하는 저속한 기사를 읽거나, 수다를 떤다. 나는 자유시간을 어떻게 보내는가? 이 질문에 대한 대답이 내가 어떤 사람인지를 말해준다.

다섯째, 나는 어떤 사람들과 어울리는가?

유유상종(類類相從)이라는 말이 있듯이, 사람들은 자기와 비슷한 사람들에게 끌리기 마련이다.

"사도들이 놓이매 그 동류(同類)에게 가서 제사장들과 장로들의 말을 다 고하니"(행 4:23).

우리가 어디든지 갈 수 있는 자유가 있을 때 찾아가는 곳이 곧 우리가 어떤 사람임을 말해준다.

여섯째, 나는 누구를 존경하고, 어떤 것에 열광하는가?

대부분의 복음주의적 그리스도인들은 다른 사람들을 의식하여 겉으로 드러내지는 않지만 속으로는 이 세상을 너무 흠모하는 것 같다. 우리가 겉으로 표현하지는 않지만 속으로 동경하고 사랑하는 것이 무엇인지를 알게 되면, 우리가 어떤 존재인지를 알게 될 것이다. 이스라엘 민족은 그들 주변의 이교도 국가들을 동경했다. 그리하여 그들은 하나님의 양자로 받아들여진 영광, 하나님과의 언약, 율법, 복(福)에 대한 약속, 믿음의 조상들을 모두 잊어버렸다. 그러나 우리가 과연 이스라엘만을 비난할 수 있는가? 우리도 그들과 똑같지 않은가? 우리는 자신의 모습을 살펴야 한다.

일곱째, 나는 무엇을 보고 웃는가?

마땅히 존중해야 할 하나님의 지혜를 존중하는 사람은 '웃는 것'이 잘못된 것이라고 주장하지 않을 것이다. 왜냐하면 유머는 우리의 본성을 이루고 있는 여러 가지 중요한 속성들 중 하나이기 때문이다. 유머 감각이 부족한 사람은 그만큼 건강한 인간성을 상실하고 사는 것이다.

그러나 유머 감각과 '경솔한 웃음'은 다르다. 경솔하게 웃음의 대상으로 삼아서는 안 되는 것들도 있다. 예를 들면, 경건한 그리스도인은 죽음, 출생 그리고 사랑 같은 것들을 경솔한 웃음의 대상으로 삼아서는 안 된다. 성령 충만한 그리스도인은 기도, 성경, 의(義), 인간들의 큰 슬픔과 고통 및 그리스도께서 피의 대가를 지불하고 사신 교회를 가지고 농담을 할 수 없을 것이다. 짧은 시간이라도 하나님의 임재를 체험한 사람은 하나님과 관계된 이야기를 가지고 농담을 할 수 없을 것이다.

이제까지 우리 자신을 살피는 데 도움이 될 만한 몇 가지 질문들에 대해서 생각해보았다. 지혜로운 그리스도인들은 이것들 외에도 다른 질문들을 생각해낼 것이다.

2부
누가 가짜인가?

THAT
INCREDIBLE
CHRISTIAN

A.W. TOZER

왜곡된 그리스도인들은 자기가 좋아하는 성경 본문들을 필요 이상으로 강조한다. 그렇게 하다 보니 관련된 다른 본문들은 상대적으로 과소평가될 수밖에 없고, 결과적으로 그런 그리스도인들의 삶은 균형을 잃고 한쪽으로 치우치게 된다. 왜냐하면 진리를 부정(否定)하는 것뿐만 아니라 진리를 충분히 강조하지 않는 것도 결국 진리로 하여금 힘을 잃게 만들기 때문이다.

7장

THAT INCREDIBLE CHRISTIAN

가짜는 인스턴트이다

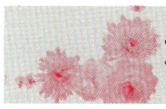
인스턴트 기독교는 한 번의 신앙의 행위로 모든 것이 다 끝났다고 가르치는 경향이 있다. 그러다 보니 더 이상의 영적 전진을 갈망하는 욕구를 억압한다.

인스턴트 기독교의 보급

전 세계에 인스턴트(instant) 커피와 인스턴트 차를 보급한 나라가 다시 '인스턴트 기독교'를 보급하는 것은 어찌 보면 당연한 것 같다. 이 두 가지 음료가 실제 미국에서 발명되지 않았다 할지라도, 상업 광고를 통해서 그것들을 거의 모든 문명국들에게 보급하는 데 기여한 나라는 분명 미국이다. 마찬가지로, 세계 모든 교회들에게 인스턴트 기독교를 보급한 사람들은 분명 미국의 보수적 그리스도인들이다.

그리스도의 교회는 로마 가톨릭 또는 다양한 형태로 위장된 자유주의가 영향력을 행사하는 지역에서 많은 손실을 입었다.

그러나 그리스도의 교회는 수많은 복음주의적 교회들에서도, 다시 말해서 우군(友軍)의 지역에서도 많은 손실을 입었다. 유감스럽게도, 질(質)과 내구성(耐久性)을 거의 고려하지 않고 물건들을 쉽고 빠르게 만들어내는 데 천재적인 재능을 가진 미국 사람들은 바이러스를 탄생시켰는데, 이 바이러스는 미국의 복음주의적 교회를 전부 감염시키고, 책들과 복음전도자들과 선교사들을 통하여 전 세계로 퍼져나갔다.

인스턴트 기독교는 '기계(機械) 시대'와 더불어 시작되었다. 인간은 두 가지 목적을 위해서 기계를 발명했다.

첫째, 손으로 하는 것보다 기계를 통해서 일을 빨리 그리고 쉽게 처리하기 위함이었다.

둘째, 하기 싫은 일을 빨리 끝내고 빈둥거리며 쉬거나 세상의 재미있는 것들을 추구하기 위함이었다.

인스턴트 기독교도 이제 종교의 분야에서 똑같은 목적들을 위해 시작되었다. 인스턴트 기독교는 과거의 문제들을 깔끔하게 정리하고 미래를 보장해준다. 더 나아가 그것은 그리스도인이 아주 편안한 양심으로 최소한의 절제력만 발휘하여 자유롭게 육신의 세련된 욕망들을 충족시킬 수 있도록 만들어준다.

내가 지금 논하고 있는 인스턴트 기독교를 좀 더 정확하게 설명해보자. 이것은 복음주의적 교회들이 있는 곳이면 어디에서

나 발견된다. 이것의 이론적 기초는 "우리는 우리의 영혼에게 부과될 수 있는 모든 의무를 '한두 가지 신앙'의 행위로써 다할 수 있으며, 그후에는 우리 영혼의 상태에 대하여 전혀 걱정할 필요가 없다"라는 사상이다. 어떤 설교자들은 "우리는 하나님의 부르심을 받았기 때문에 이미 성도이다. 그러므로 우리의 성품을 변화시켜서 성도가 되려고 노력할 필요가 없지 않은가?"라고 계속 주장한다. 그러나 이런 주장은 신약성경의 신앙과는 거리가 멀다.

다른 오류들에서와 마찬가지로 이런 오류는 진리를 완전히 이해하지 못했기 때문에 생긴다. 회심하여 그리스도에게 돌아오는 일이 갑자기 일어날 수 있는 것은 사실이다. 실제로 그런 일들이 종종 발생한다. 죄의 짐에 눌려 고통당한 적이 있는 사람은 하나님의 용서를 더욱 확실히 느끼고 기뻐할 수 있다. 회개하면서 죄에 대한 혐오감을 많이 느낀 사람일수록 더 큰 용서의 기쁨을 느끼게 마련이다.

참그리스도인은 하나님을 만난 사람이다. 그는 영생을 얻었다는 것을 알며, 때로는 언제 어디서 영생을 얻었는지를 알기도 한다. 중생 후에 성령 충만을 받은 사람들은 성령 충만의 체험을 분명히 인식하기도 한다. 성령님은 자신을 드러내시는 분이시다. 새롭게 된 영혼은 그분이 영혼 안으로 홍수처럼 밀고

들어오실 때 그분이 누구이신지를 알 수 있다.

한 번의 신앙의 행위로 다 끝났다?

여기서 문제가 생길 소지가 있다. 우리는 우리의 체험을 너무 의지한 나머지 신약성경 전체의 메시지를 잘못 해석한다. 어떤 설교자들은 끊임없이 우리에게 결정을 내리라고, 문제를 지금 해결하라고, 즉시 모든 것을 처리하라고 권고한다. 그들의 권고가 잘못될 것은 없다. 영원히 단번에 결정을 해야 할 것들이 있는 것이 사실이다. 성경의 교훈에 근거한 신앙에 따라 즉시 단호하게 결단을 내려서 해결해야 할 개인적인 일들이 있을 수 있다. 그 누구도 이것을 부인하지 않을 것이고, 나 역시 부인하지 않는다.

그러나 여기서 우리는 이런 질문들을 던지지 않을 수 없다.

"그런 한 가지 신앙의 행위에 의해서 얼마나 많은 것이 성취될 수 있는가? 그리고 그런 신앙의 행위 다음에 우리가 해결해야 할 것들이 얼마나 많은가?"

인스턴트 기독교는 한 번의 신앙의 행위로 모든 것이 다 끝났다고 가르치는 경향이 있다. 그러다 보니 더 이상의 영적 전진을 갈망하는 욕구를 억압한다. 그것은 기독교의 생명이 정적(靜的)인 것이 아니라 동적(動的)인 것이며, 성장한다는 것을 이해하지 못한다. 그것은 새로 태어난 그리스도인이 마치 새로 태어난 아기가 살아 있는 유기체인 것처럼 정상적인 성장을 위해서는 영양분과 운동을 필요로 한다는 것을 알지 못한다. 그것은 지성적(知性的)이고 도덕적인 존재인 인간이 그리스도 안에서의 신앙의 행위를 통해서 다른 지성적 및 도덕적 존재인 하나님과 인격적인 관계를 맺었다는 것을 알지 못한다. 그것은 하나님의 형상으로 창조된 인간과 하나님 사이에 깊은 우정이 형성되려면 그 두 존재가 한 번 만나는 것으로는 충분하지 않다는 것을 알지 못한다.

구원의 모든 것을 한두 가지 체험에 담으려는 '인스턴트 기독교' 옹호자들은 자연계에 나타나는 '발전의 법칙'을 부당하게 무시한다. 그들은 고난을 당하고 십자가를 지고 생활 속에서 순종하는 것이 우리를 거룩하게 만드는 효과가 있다는 사실을 외면한다. 그들은 영적 훈련을 받고 올바른 신앙 습관을 형성하고 세상과 마귀와 육신에 대항하여 싸워야 한다는 진리를 무시한다.

최초의 신앙의 행위에 부당하게 집착하게 되면, 더 이상의 영적 발전을 기대하지 않고 자기만족에 빠져 정체 상태에 머문다. 이런 현상을 보고 많은 사람들은 기독교 신앙에 실망하게 되었다. 하나님은 너무 멀리 계신 것 같고, 세상은 너무 가까이 있고, 육신은 너무 강력하여 저항할 수 없다. 또 어떤 사람들은 한 번의 신앙 행위로 축복이 자동적으로 주어진다는 잘못된 주장을 받아들이기를 좋아한다. 왜냐하면 그런 주장은 깨어서 싸우고 기도해야 할 필요성을 제거해주기 때문이다. 또한 이런 주장을 받아들이면 내세를 기다리면서 이 세상을 즐길 수 있는 자유를 얻을 수 있기 때문이다.

인스턴트 기독교는 이 시대의 '정통'이 되어버렸다. 그러나 여기서 우리는 냉철하게 생각해보아야 한다. 빌립보서 3장 7-16절을 기록한 사도 바울이 이런 정통을 위해 순교를 했겠는가? 내 생각에는, 절대 그렇지 않다.

"그러나 무엇이든지 내게 유익하던 것을 내가 그리스도를 위하여 다 해로 여길 뿐더러 또한 모든 것을 해로 여김은 내 주 그리스도 예수를 아는 지식이 가장 고상함을 인함이라 내가 그를 위하여 모든 것을 잃어버리고 배설물로 여김은 그리스도를 얻고 그 안에서 발견되려 함이니 내가 가진 의는 율법에서 난 것이 아니요 오직 그리스도를 믿음으로 말미암은 것이니 곧 믿음으로 하나님께로서 난 의라 내가 그리스도와 그 부활의 권능과 그 고난에 참여함을 알려 하여 그의 죽으심을 본받아 어찌하든지 죽은 자 가운데서 부활에 이르려 하노니 내가 이미 얻었다 함도 아니요 온전히 이루었다 함도 아니라 오직 내가 그리스도 예수께 잡힌 바 된 그것을 잡으려고 좇아가노라 형제들아 나는 아직 내가 잡은 줄로 여기지 아니하고 오직 한 일 즉 뒤에 있는 것은 잊어버리고 앞에 있는 것을 잡으려고 푯대를 향하여 그리스도 예수 안에서 하나님이 위에서 부르신 부름의 상을 위하여 좇아가노라 그러므로 누구든지 우리 온전히 이룬 자들은 이렇게 생각할지니 만일 무슨 일에 너희가 달리 생각하면 하나님이 이것도 너희에게 나타내시리라 오직 우리가 어디까지 이르렀든지 그대로 행할 것이라" (빌 3:7-16).

8장 가짜는 인격의 변화를 소홀히 한다

THAT INCREDIBLE CHRISTIAN

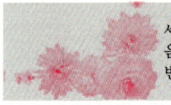 세월이 흐르면 문제가 해결될 것이라는 착각에서 벗어나는 것이 문제 해결의 첫걸음이다. 우리에게 필요한 것은 시간이 아니라 변화이다. 오직 하나님만이 우리를 변화시키실 수 있다.

세월이 약?

죄는 끔찍한 결과들을 초래했다. 죄 안에서 태어난 우리가 죄의 결과들을 거의 의식하지 못하기 때문에 죄는 그만큼 더 치명적 영향을 끼친다. 죄 때문에 생긴 한 가지 해악(害惡)은 우리의 판단력이 흐려진 것이다. 그래서 우리는 우리에게 선한 것과 악한 것을 구별하거나, 적과 친구를 구별하는 데 아주 애를 먹는다. 우리는 그림자와 같은 세계에서 참된 것들을 거짓된 것들로 착각하며 살아간다. 반대로 중요하지 않은 것을 마치 하나님의 도성(都城)의 길을 덮고 있는 금(金)처럼 소중히 여겨서 전심전력으로 추구한다.

우리는 사물을 본질 그대로 거의 통찰하지 못한다. 초점을 잃고 모든 대상을 바라보는 '윤리적 난시(亂視)' 상태에 빠져 있기 때문에 우리의 가치 판단은 왜곡되어 있다. 수많은 오류들이 반복된 결과, 우리의 철학은 현실과 완전히 동떨어져 있다. 마치 잘못된 구구단을 외운 사람이 자신의 오류를 깨닫지 못하여 수학적 계산이 완전히 오류에 빠지는 것과 마찬가지이다.

우리가 끈질기게 집착하는 한 가지 잘못된 개념은 시간에 대한 개념이다. 우리는 시간이 천천히 흘러가면서 여러 나라들과 문명들에게 영향을 끼치는 강(江)처럼 앞으로 흘러가는 끈적끈적한 물질과 같다고 생각하는 경향이 있다. 우리는 이 끈적끈적한 흐름을 현실이라고 믿기 때문에, 우리 자신이 평생 이 흐름에서 빠져나오지 못하고 함께 흘러간다고 믿는다. 시간에 대한 또 다른 오해는 '지금 우리가 알 수 없는 것도 시간이 지나면 다 알게 된다' 라는 착각이다. 그리고 시간에 대한 세 번째 오해는 '세월이 약이다' 라는 말에 의지하여, 시간을 친절한 의사라고 생각하는 것이다.

시간에 대한 이런 개념들이 우리 속에 깊이 자리 잡고 있기 때문에 우리는 모든 것들을 시간과 연관지어 생각하는 습관에서 벗어나기 힘들다. 그러나 이런 습관은 해로울 수 있으므로 우리는 경계해야 한다.

시간에 대한 우리의 오해들 중에서도 가장 유해(有害)한 것은, 인간성을 완전하게 만들어주는 신비로운 힘이 시간에 있다고 착각하는 것이다. 예를 들면, 지혜롭지 못한 젊은이를 볼 때 우리는 '시간이 흐르면 저 사람이 지혜로워질 것이다' 라고 말한다. 또한 새로 믿은 그리스도인이 전혀 그리스도인답지 않게 행동하는 것을 볼 때 우리는 세월이 흐르면 그가 언젠가 '성인(聖人)'으로 변할 것이라고 믿는다.

그러나 실상을 말하자면, 공간이 사람을 거룩하게 만들 힘을 갖고 있지 않듯이 시간도 그렇게 할 능력을 갖고 있지 않다. 실로, 시간은 우리가 변화를 설명하기 위해서 만들어낸 허구(虛構)에 불과하다. 바보를 현인(賢人)으로, 죄인을 성인으로 만드는 것은 '시간'이 아니고 '변화'이다. 더 정확히 말해서, 그리스도께서 사람들의 마음속에 변화를 일으키시기 때문에 그들이 변하는 것이다.

기독교의 박해자 사울이 변하여 하나님의 종 바울이 된 것은 시간이 만들어낸 변화가 아니었다. 그 변화를 이루신 분은 물을 포도주로 바꾸신 그리스도이셨다. 살기등등한 사울이 하나님을 사랑하는 온유한 사람으로 바뀌고, 결국에는 한때 그가 박해했던 종교를 위해서 목숨까지 내놓을 정도로 변하기까지 그는 수많은 영적 체험들을 겪었다. 하나님의 사람 바울이 탄생하는 데 시간이 한 역할은 없다.

문제는 시간이 아니라 변화!

내가 이 글을 쓰는 목적은 시간을 주제로 철학적 논의를 하기 위함이 아니다. 다만 나는 시간에 대한 근거 없는 신뢰 때문에 해(害)를 당할 수 있다고 독자들에게 경고하고 싶을 뿐이다. 젊을 때 모세나 야곱처럼 충동적이고 고집 센 사람이 노년에 부드럽고 원숙한 성인(聖人)으로 변하는 것을 볼 때 우리는 세월이 그런 변화를 가져왔다고 쉽게 생각하는 경향이 있다. 그러나 그렇지 않다. 시간이 아니라 하나님이 그 변화를 이루신 것이다.

인간성은 고정 불변의 것이 아니다. 이것에 대해 우리는 하나님께 밤낮으로 감사해야 한다. 우리는 변할 수 있다. 우리는 현재와는 다른 사람이 될 수 있다. 복음의 능력은 탐욕적인 사람을 후한 사람으로, 교만한 사람을 겸손한 사람으로 바꾼다. 도둑은 더 이상 도둑질을 하지 않을 것이고, 하나님을 모독하는 사람이 변하여 그분을 찬양하게 될 것이다. 이 모든 것을 이루시는 분은 그리스도이시다. 시간은 아무 관계가 없다.

많은 죄인들은 구원의 날을 미루면서, 언제까지나 시간이 자기의 편이기를 막연히 바란다. 그러나 실상 그가 그리스도인이 될 가능성은 시간이 흐를수록 점점 줄어든다. 왜냐하면 시간이 흐를수록 그에게서 일어나는 변화들은 그의 마음을 더욱 완고하게 만들어서 그의 회개를 더 어렵게 만드는 경향이 있기 때문이다.

"너희는 여호와를 만날 만한 때에 찾으라 가까이 계실 때에 그를 부르라 악인은 그 길을, 불의한 자는 그 생각을 버리고 여호와께로 돌아오라 그리하면 그가 긍휼히 여기시리라 우리 하나님께로 나아오라 그가 널리 용서하시리라"(사 55:6,7).

이 말씀에서 '변화를 나타내는 단어들'에 주목하라. "찾으라, 부르라, 버리라, 돌아오라," 이 단어들은 모두 하나님께로 돌아오는 죄인에게서 일어나야 하는 변화들을 가리킨다. 다시 말해서, 이것들은 그가 수행해야 할 행동들을 가리킨다. 그러나 이것이 전부는 아니다. 여기서 우리는 또한 "긍휼히 여기시리라, 용서하시리라"는 말씀에 주목해야 한다. 이것들은 하나님이 죄인에게서, 죄인을 위하여 이루시는 변화들이다. 구원받기 위해서 인간은 스스로 변해야 하고, 또한 변화를 받아야 한다.

하나님나라에 들어가기 위해서는 거듭나야 한다고 우리 주님은 말씀하셨다(요 3:3-7 참조). 다시 말해서, 그에게서 영적인 변화가 일어나야 한다는 말씀이다. 세례 요한과 사도 베드로의 가르침도 주님의 가르침과 완전히 일치한다. 세례 요한은 그의 청중에게 회개에 합당한 열매를 맺음으로써 '주(主)의 길'을 예비하라고 촉구했다. 그리고 사도 베드로는 초대교회 그리스도인들에게 그들이 "정욕을 인하여 세상에서 썩어질 것을 피하여 신(神)의 성품에 참예하는 자가 되게 하려 하셨으니"(벧후 1:4)라고 상기시켰다.

그러나 구속(救贖)받은 사람에게 이 최초의 변화만이 일어나는 것은 아니다. 그리스도인이 된 때부터 죽을 때까지 그의 삶은 영적인 완전함을 향해 항상 전진하는 변화들의 연속이다. 이런 변화들이 일어나도록 성령님은 다양한 방법들을 사용하시는데, 그 방법들 중 가장 효과적인 방법은 신약성경을 주신 것이라고 생각된다.

세월이 흐르면 문제가 해결될 것이라는 착각에서 벗어나는 것이 문제 해결의 첫걸음이다. 우리에게 필요한 것은 시간이 아니라 변화이다. 오직 하나님만이 우리를 악에서 선으로 변화시키실 수 있다.

9장 가짜는 하나님의 징계를 십자가 지는 것으로 착각한다

하나님께 매를 맞아 아플 때 우리는 우리가 잠시 옳은 길에서 벗어나 있다고 느껴야 한다. 반면 십자가의 고통을 느낀다는 것은 우리가 옳은 길에 있음을 말해준다.

십자가와 징계의 차이점

'십자가를 지는 것'과 '징계를 당하는 것'은 비슷해 보이지만 실상 다르다. 여러 가지 점들에서 차이가 있다. 이 두 가지가 서로 혼동되기 때문에, 이것들을 표현하는 단어들도 때로는 혼동되어 사용된다. 이것들을 혼동할 때 우리는 정확하게 사고(思考)할 수 없다. 정확하게 사고할 수 없을 때 우리는 유익을 얻지 못하게 된다.

십자가와 징계가 성경에서 서로 비슷한 모습으로 나타나지만, 결코 동일한 것이 아니다. 징계는 그것을 당하는 사람의 동의(同意) 없이 그에게 부과되는 것이다. 반면 십자가는 본인의 동의 없이 부과될 수 없다. 주님도 자신의 자유로운 선택에 의해서 십자가를 지셨다. 그분은 자신이 십자가에서 생명을 내어 주실 것에 대해서 예언하시면서 이렇게 말씀하셨다.

"이를 내게서 빼앗는 자가 있는 것이 아니라 내가 스스로 버리노라"(요 10:18).

그분은 십자가를 피할 수 있는 기회들이 얼마든지 있었지만, 예루살렘에 올라가서 죽기로 굳게 결심하셨다. 그분을 십자가의 길로 몰아넣은 것은 어떤 다른 외부적 강제가 아니라 바로 그분의 사랑이었다.

징계는 하나님이 행하시는 것이고, '십자가를 지는 것'은 그리스도인이 마땅히 해야 할 의무이다. 하나님은 자신의 자녀들에게 사랑의 매를 대실 때, 그들의 허락을 구하지 않으신다. 신자는 징계를 자발적으로 취하지 않는다. 그가 자발적으로 취하는 징계가 있다면 그것은 하나님의 뜻이 징계를 포함한다는 것을 알면서도 하나님의 뜻을 선택하는 경우이다.

"주께서 그 사랑하시는 자를 징계하시고 그의 받으시는 아들마다 채찍질하심이니라 하였으니 너희가 참음은 징계를 받기 위함이라 하나님이 아들과 같이 너희를 대우하시나니 어찌 아비가 징계하지 않는 아들이 있으리요"(히 12:6,7).

우리가 원하지 않는데 찾아오는 십자가는 없다. 반면 징계는 원하지 않는데도 찾아온다.

"아무든지 나를 따라오려거든 자기를 부인하고 자기 십자가를 지고 나를 좇을 것이니라"(마 16:24).

이 말씀에서 알 수 있듯이, 십자가를 지는 것은 의지적인 선택의 결과이다. 십자가를 지려는 사람은 그 결과까지 깊이 생각하고 분명한 결단에 의해서 십자가를 지는 것이다. 하나님나라에서 의지적 결단 없이 우연히 십자가를 지게 된 사람은 없었다.

그리스도인의 십자가는 무엇을 의미하는가? 물론 그것이 과거 로마에서 죽을 죄를 지은 사람들을 사형시키는 데 사용된 형틀을 가리키는 것은 아니다. 그리스도인의 십자가는 그가 그리스도에게 온전히 순종하여 따를 때 그에게 닥치는 고난을 의미한다. 그리스도는 '십자가에 이르는 길'을 선택하심으로써 십자가를 선택하셨다. 그분을 따르는 그리스도인들에게 있어서도 이것은 마찬가지이다. '순종의 길'에는 십자가가 서 있다. 그 길로 들어설 때 우리는 십자가를 지는 것이다.

십자가가 '순종의 길'에서 발견된다면, 징계는 '불순종의 길'에서 발견된다. 하나님은 온전히 순종하는 자녀를 결코 징계하지 않으신다. 우리의 육신의 아버지도 우리의 순종에 대해서 징계하는 것이 아니라, 불순종에 대해서 징계하지 않는가?

하나님께 매를 맞아 아플 때 우리는 우리가 잠시 옳은 길에서 벗어나 있다고 느껴야 한다. 반면 십자가의 고통을 느낀다는 것은 우리가 옳은 길에 있음을 말해준다. 그러나 우리가 어디에 있든지 간에 하나님 아버지의 사랑은 조금도 변하지 않는다. 그분이 우리를 징계하시는 것은 그분이 우리를 사랑하시기 때문이다. 가정교육이 잘 이루어지는 집에서 불순종하는 자녀는 징계를 받게 마련이다. 하나님의 집에서도 부주의(不注意)한 그리스도인은 징계를 피할 것을 기대할 수 없다.

그렇다면 우리의 고통이 십자가 때문인지 아니면 징계 때문인지를 아는 방법은 무엇인가? 어떤 이유에서 찾아오든지 간에 고통은 고통이다. 하나님의 뜻을 거역하고 도망하던 요나가 만난 폭풍이, 사도 바울이 하나님의 뜻을 행하는 중에 만난 폭풍보다 더 강했던 것은 아니다. 성난 파도는 이 두 사람의 목숨을 똑같이 위협했다. 사자 굴에 던져진 다니엘은 큰 물고기 뱃속에 삼켜진 요나만큼 곤경에 처했다. 세상 죄를 위해 죽음을 당하시는 그리스도의 손에 박힌 못은 자신들의 죄 때문에 죽어가는 강도들의 손에 박힌 못만큼이나 깊이 박혔다.

십자가와 징계의 구별 방법

우리는 십자가와 징계를 어떻게 구별해야 하는가?

내 생각에, 이에 대한 대답은 간단하다. 고난이 닥칠 때 우리는 그것이 내가 선택한 것인지 아니면 내 의지와 상관없이 외부로부터 닥친 것인지를 구별하면 된다. 주님은 "나를 인하여 너희를 욕하고 핍박하고 거짓으로 너희를 거스려 모든 악한 말을 할 때에는 너희에게 복이 있나니"(마 5:11)라고 말씀하셨다. 여기서 우리는 "나를 인하여 … 거짓으로"라는 말씀에 주목해야 한다. 이것은 복된 고난이 우리의 자발적인 선택에 의한 것임을 말해준다. 다시 말해서, 우리가 그리스도와 그분의 의(義)를 위해 고난을 선택할 때 그 고난이 복되다는 뜻이다. 만일 우리를 향한 사람들의 비난이 '근거가 있는' 비난이라면 우리의 고난은 복된 것이 아니다.

우리가 당연히 당할 징계를 당하면서도 그것을 '십자가'라고 믿는 것은 우리 자신을 속이는 것이다. 그러므로 징계의 고통에 대해서는 기뻐할 것이 아니라 회개해야 할 것이다.

"죄가 있어 매를 맞고 참으면 무슨 칭찬이 있으리요 오직 선을 행함으로 고난을 받고 참으면 이는 하나님 앞에 아름다우니라"(벧전 2:20).

십자가는 오직 의(義)의 길에서만 발견된다. 오직 자발적으로 그리스도를 위해서 고난당할 때 우리는 십자가의 고통을 느끼는 것이다.

이제까지 논의한 두 가지 고난 중 어느 한쪽에도 속하지 않는

'제3의 고난'이 있다고 나는 믿는다. 이것은 징계의 고통처럼 우리를 바로잡으려는 목적에서 닥치는 고난도 아니고, 우리가 그리스도의 뜻대로 사느라고 당하는 고난도 아니다. 이것은 자연적인 것이다. 그러므로 육신을 가지고 세상을 살아가는 사람이라면 누구나 당할 수밖에 없는 그런 고난이다. 정도의 차이는 있겠지만 이런 고난은 모든 사람들에게 닥칠 수 있기 때문에 분명한 영적 의미가 있다고 보기 힘들다. 화재, 홍수, 사별, 부상, 사고, 질병, 노령, 피로, 세상살이의 여러 악조건들이 여기에 속한다. 그렇다면 우리는 이런 것들에 어떻게 대처해야 하는가?

어떤 위대한 사람들은 이런 제3의 고난을 선한 것으로 바꾸는 데 성공하기도 했다. 기도와 겸손과 인내로써 그들은 역경을 친구로 만들었고, 정신적 고통을 선생으로 삼아서 깊은 영적 진리들을 깨달았다. 우리도 그들처럼 되어야 하지 않겠는가?

10장
가짜는 행함으로 죄 용서함을 받으려 한다

행함을 통해서 용서를 얻겠다는 시도는 결코 성공할 수 없다. 왜냐하면 자신의 잘못을 상쇄하려면 얼마나 많은 선행을 쌓아야 할지를 아무도 알 수 없기 때문이다.

율법주의자의 착각

인간의 마음은 본성적으로 이단에 빠지기 쉽다. 우리는 대중이 가지고 있는 종교적 신념들을 하나님의 말씀에 비추어 검토해야 하는데, 왜냐하면 그것들은 대개의 경우 잘못되었기 때문이다.

예를 들어보자. 인간의 마음은 본래 율법주의(律法主義)에 빠지기 쉽다. 인간의 이성(理性)은 신약성경이 가르치는 은혜를 받아들이기 힘들다. 그 이유는 은혜가 이성과 모순되기 때문이 아니라 이성을 초월하기 때문이다. 그렇기 때문에 하나님은 '은혜의 교리'를 계시를 통해서 우리에게 알려주실 수밖에 없었다. 만일 하나님의 계시가 없었다면 우리가 '은혜의 교리'를 어떻게 발견했겠는가?

율법주의의 본질은 '자기 속죄'이다. 다시 말해서, 자신이 자신의 죄를 속죄하려는 것이다. 율법주의자는 스스로에게 벌을 부과함으로써, 회한(悔恨)의 감정을 가짐으로써, 자신의 죄 때문에 생긴 피해를 배상함으로써 하나님께 용서받으려고 애쓴다. 하나님을 기쁘게 해드리려는 마음은 칭찬받을 만한 것이지만, 자신의 노력으로 하나님을 기쁘게 해드리려는 것은 그렇지 못하다. 왜냐하면 그것은 한번 범한 죄를 자기의 노력으로 없앨 수 있다는 착각에서 출발하기 때문이다.

이미 오래전에 우리는 금식하거나 많은 기도를 드리거나 고행자가 입는 베옷을 입는다고 해서 우리가 속죄되는 것이 아니라는 것을 성경에서 배웠다. 그러나 아직도 우리는 과거의 죄에 대하여 계속 후회하면서 자신을 괴롭게 해야 하나님을 기쁘게 해드리고 자신의 영혼을 깨끗하게 할 수 있다고 느끼는 경향이 있다. 이것은 우리가 본능적으로 가지고 있는 치명적인 이단이다.

과거의 죄에 대하여 계속 후회하면서 자신을 괴롭게 하는 것은 개신교도의 신종(新種) 고행이다. 그러나 이런 신종 고행을 수행하는 개신교도는 그것이 고행임을 인정하지 않는다. 이런 개신교도는 말로는 이신칭의(以信稱義)의 교리를 믿는다고 주장한다. 그러나 은근히 그는 소위 '경건한 슬픔'이라는 것을 통해서 하나님께 가까이 갈 수 있다고 느낀다. 그는 "내가 이래서는 안 되는데…"라고 생각하면서도, 바로 이런 잘못된 종교적 '감정'의 덫에 걸려 속아넘어간다.

만성적인 회한을 경계하라

물론 회개에 이르게 하는 '경건한 슬픔'이라는 것이 있는 것이 사실이다(고후 7:10 참조). 또한 우리 그리스도인들 중에는 죄를 범한 후에 참회개에 이를 정도로 강한 슬픔을 느껴야 하는데 그렇지 못한 사람들이 종종 있는 것도 사실이다. 그러나 이런 슬픔의 감정을 계속 느껴서 결국 그것이 만성적인 회한이 되는 것은 옳지 않고 유익하지도 않다. 회한(후회)은 아직 완전히 완성되지 못한 일종의 '좌절된 회개'이다. 일단 영혼이 모든 죄로부터 돌이켜서 온전히 하나님께 헌신하면, 더 이상 회한이 필요 없다. 하나님의 용서와 사랑에 의하여 도덕적 순수함이 회복되면, 죄가 때때로 기억될지는 몰라도, 그 기억 속에 '마음을 찌르는 가책'이 있어서는 안 된다. 용서받은 사람은 자신이 죄를 범했다는 것을 알지만, 더 이상 고통을 느끼지는 않는다.

행함을 통해서 용서를 얻겠다는 시도는 결코 성공할 수 없다. 왜냐하면 자신의 잘못을 상쇄하려면 얼마나 많은 선행을 쌓아야 할지를 아무도 알 수 없기 때문이다. 그렇다 보니, 행함을 통해서 용서를 얻겠다는 사람은 자신의 도덕적 빚을 갚기 위해 해를 거듭하면서 계속 노력해야 할 것이다. 그는 여기서 조금 저기서 조금 선행을 쌓아가지만, 그렇게 하는 과정에서 때로는 자기가 갚은 것보다 더 많은 빚을 지게 된다. 빚을 지고 빚을 갚은 내역을 기록하는 작업은 끝날 줄 모른다. 그가 바랄 수 있는 유일한 것은 선행과 죄의 내역을 비교하면서, 선행이 죄보다 많게 되어 자신이 모든 빚을 다 갚았다고 확신하는 것이다. 많은 사람들이 바로 이런 잘못된 생각을 가지고 있다. 어리석게도 그들은 자신들의 노력으로 용서를 얻으려고 한다. 그러나 이것은 아주 본능적인 이단이다. 이것은 결국 그것에 의지하는 사람들을 완전히 실망시킬 것이다.

죄에 대한 회한이 없는 것은 죄를 경시하는 것이라고 주장하는 사람들이 있을지 모르지만, 그렇지 않다. 죄는 너무나 무서운 것이고 영혼을 파괴하는 것이기 때문에 인간의 어떤 사고(思考)나 행위도 죄의 치명적 결과를 조금도 감할 수 없다. 오직 하나님 한 분만이 죄의 문제를 해결하실 수 있다. 오직 그리스도의 피만이 죄를 씻어낼 수 있다. 이 무서운 원수에게서 구원받은 영혼은 후회의 감정을 느끼는 것이 아니라 놀라운 평안과 끝없는 감사의 감정을 느낀다.

집으로 돌아온 탕자가 그의 아버지를 영화롭게 하는 방법은 한탄(恨歎)이 아니라 감사이다. 만일 탕자가 아버지의 용서를 믿지 않았다면 그는 잔치에 참석하기는커녕 한쪽 구석에 가서 탄식하고 있었을 것이다. 아버지의 사랑과 용서를 믿었기 때문에 그는 그의 죄 많은 과거를 잊을 용기를 가질 수 있었다.

불안이 마음을 좀먹고 긴장이 신경을 갉아먹듯이, 회한은 영혼을 파괴한다. 왜 대부분의 그리스도인들은 늘 행복감(幸福感)을 박탈당한 상태에서 살아가는가? 그것은 하나님이 자신들을 완전히 용서하지 않았을지도 모른다는 불안감에 시달리거나, 아니면 하나님이 용서의 조건으로 어떤 감정적 고행을 요구하신다는 두려움에 사로잡혀 있기 때문이라고 나는 믿는다. 하나님의 선하심에 대한 우리의 확신이 늘어갈수록, 우리의 불안감은 줄어들고 행복은 늘어갈 것이다.

후회(회한)는 단지 자애(自愛), 즉 '자기 사랑'의 한 형태라고 말할 수 있다. 자존심이 강한 사람은 자기 스스로 세운 기준에 도달하지 못했을 때 깊이 실망한다. 그는 자신의 잘못된 행위가 '좀 더 선한(훌륭한) 자신'을 배신한 행위였다고 느낀다. 그리하여 심지어 하나님이 그를 용서하신다 할지라도 자신이 자신을 용서하지 못하게 된다. 이런 사람은 죄 때문에 생기는 수치심으로 괴로워하며, 자신의 체면이 손상된 것을 쉽게 잊을 수 없다. 그는 계속 자신에게 분노하며 자신에게 형벌을 부과하려고 한다. 그가 자신에게 형벌을 부과하는 방법은 빈번히 하나님께 나아가서 분노 중에 자신을 비난하는 것이다. 이런 일들이 반복되면 결국 그는 만성적 회한의 감정에 빠지게 된다. 만성적 회한은 깊은 회개의 증거인 것처럼 보이지만 사실은 깊은 자애(自愛)의 증거이다.

그리스도 안에서 우리에게는 더 이상 죄악된 과거가 존재하지 않는다고 진정으로 믿을 때, 비로소 죄악된 과거에 대한 후회가 사라질 것이다. 그리스도 안에 있는 사람에게는 하나님이 받으실 만한 완전한 그리스도의 과거만이 존재할 뿐이다. 그는 그리스도 안에서 죽었고, 그리스도 안에서 부활했고, 그리스도 안에서 하나님께 은혜를 입은 사람들 중에 앉혀졌다. 그는 더 이상 자신에게 분노하지 않는데, 왜냐하면 그는 더 이상 자신을 존경하지 않고 그리스도만을 존경하기 때문이다. 그러므로 그에게는 회한이 있을 수 없다.

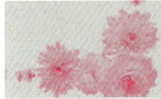

11장 가짜는 신조를 무시한다

> 우리가 교리적 지식 없이 하나님의 신비를 체험할 수 있다. 그러나 그것으로 충분하다고 말하면 안 된다. 진리는 명문화될 수 있는 것이며, 그것을 명문화한 것이 곧 신조이다.

신조무용론의 경계

신조(信條)를 깎아내리고 체험을 참기독교의 유일한 척도로 추켜올리는 것이 어떤 그리스도인들 중에서 완전히 유행이 되어버렸다. 내가 알기로는 존 옥슨햄(John Oxenham)의 시(詩)에 나오는 '신조가 아닌 그리스도를!' 이라는 말이 진리의 음성으로 널리 받아들여지고, 선지자들과 사도들의 글 옆에 나란히 놓이게 되었다.

내가 이 말을 처음 들었을 때 나는 그것이 좋게 느껴졌다. 이 말을 들은 어떤 사람들은 '신조무용론'(信條無用論)의 옹호자들이 남들이 발견하지 못한 귀중한 비밀을 찾아냈다는 느낌을 받았다. 또한 그들이 역사적 기독교의 장황하고 복잡한 교리체계를 관통하여 곧바로 그리스도에게 도달하는 쾌거를 이룩했다는 느낌을 받았다. 또한 그들의 주장은 인간들이 만들어낸 교리들보다 그리스도에게 더욱 집중함으로써 그분을 더욱 영화롭게 해드리는 것처럼 보였다. 그러나 사실 그런가? 내 생각에는 그렇지 않다.

곡식에 비유하자면, '신조무용론'에 나름대로 '진리의 낟알들'이 있는 것은 사실이지만, 그것의 옹호자들이 생각하는 것만큼 많이 있는 것은 아니다. 더욱이, 그 얼마 안 되는 낟알들조차 그들이 상상하지 못할 정도로 거대한 왕겨 더미 밑에 묻혀 있다.

물론 나 자신도 신조무용론자들에게 공감하는 측면이 있다. 왜냐하면 그들은 살아 계신 그리스도를 밀어내고 '죽은 신조'를 붙드는 것에 반대하기 때문이다. 그러나 신조를 굳이 그리스도와 대립시킬 필요는 없다. 우리의 신앙이 죽어야 할 이유가 없듯이, 우리의 신조 또한 죽어야 할 이유가 없다. 야고보가 '죽은 신앙'이라는 표현을 쓰는 것은 사실이지만, 그렇다고 해서 모든 신앙을 다 죽은 것으로 간주하여 거부할 수는 없다.

실상을 말하자면, 신조는 그리스도인의 생각과 말과 행동의 바탕에 깔려 있다. 그리스도에 대하여 적어도 어느 정도의 지식을 갖지 못한 상태에서 그리스도를 믿는 것은 불가능하다. 우리가 그리스도에 대해서 '아는' 것은 우리가 그리스도에 대해서 '믿는' 것이다. 그리고 우리가 그리스도에 대해서 믿는 것이 곧 우리의 신조이다. 다르게 표현하자면, 우리의 신조라는 것은 곧 우리가 믿는 것이기 때문에 그리스도를 믿으면서 신조를 갖지 않는다는 것은 불가능하다.

지성이 있는 곳에 신조가 있다

흔히 사람들은 그리스도를 전하는 것이 어느 누구라도 할 수 있는 가장 고상하고 순수한 사역이라고 말한다. 물론 맞는 말이다. 그러나 그리스도에 대하여 무조건 좋은 말만 늘어놓는다고 전도가 되는 것은 아니다. 다시 말해서, 전도는 전도자가 그리스도를 향한 자신의 사랑의 감정을 표현하는 것 이상의 것이다. 그리스도를 향한 불타는 사랑은 설교를 더욱 향기롭고 따스하게 만들지만, 그것으로 충분하지는 않다. 사랑이 영속적 의미를 가지려면 지식의 인도를 받아야 한다. 효과적인 설교가 되려면 지적(知的)인 내용을 가져야 한다. 그리고 지성이 있는 곳에는 신조가 있게 마련이다.

이렇게 말한다고 해서 내가 교회의 예배 때에 반드시 교회의 역사(歷史) 속에서 만들어진 신조들을 사용해야 한다고 주장하는 것은 아니다. 평생 매주일 사도신경을 암송하고도 아무 유익을 얻지 못할 수 있다는 것을 나는 잘 안다. 니케아 신경(Nicene Creed, A.D. 325년에 열린 니케아 공의회에서 채택된 신조 - 역자 주)을 예배 때마다 암송하거나 노래로 부른다 할지라도 역시 아무에게 유익을 주지 못할 수도 있다. 표준적인 신조들은 그리스도인들이 믿는다고 고백하는 것을 요약한 것들이며, 나름대로 훌륭한 점들도 있다. 그러나 우리는 그것들을 아무 확신 없이 기계적으로 암기하여 반복할 수 있으며, 그럴 경우 아무 유익도 얻지 못한다.

우리가 공식적인 신조 없이 예배드리는 것이 가능하지만(실제 많은 그리스도인들이 그렇게 한다), 우리가 예배하려는 분에 대한 어느 정도의 지식 없이 만족할 만한 예배를 드리는 것은 불가능하다. 그런데 바로 그 지식이 우리의 신조이다. 그것이 공식적으로 명문화(明文化)되었든 아니든 간에. 우리가 교리적 지식 없이 하나님의 신비를 체험할 수 있다. 그러나 그것으로 충분하다고 말하면 안 된다. 그것으로 충분한 것이 아니다. 우리는 '신령(성령)과 진정(진리)으로' 예배해야 한다. 진리는 명문화될 수 있는 것이며, 그것을 명문화한 것이 곧 신조이다.

기독교가 무엇인지를 모르면서 기독교의 진리를 실천하는 그리스도인이 되겠다는 시도는 언제나 실패할 수밖에 없다. 이런 의미에서 참그리스도인은 신학자가 되어야 하고, 그렇게 될 수밖에 없다. 다시 말해서, 그는 적어도 성경에 계시된 풍성한 진리를 어느 정도 알아야 한다. 그리고 그는 그 진리를 진술하고 자기의 진술을 방어할 수 있을 정도로 그것을 확실히 알아야 한다. 이렇게 진술되고 방어될 수 있는 것이 바로 신조이다.

그리스도인의 삶의 핵심은 '예수 그리스도의 가르침을 실천하는 것'이다. 이것은 누구나 인정하는 바이다. 그러나 신조무용론자들은 이것을 너무 강조한 나머지 이렇게 말한다.

"예수님이 누구인지, 예수님의 아버지가 누구인지는 중요하지 않다. 예수님이 하나님이신지 인간이신지 인간이며 하나님이신지는 중요하지 않다. 예수님이 자신의 시대의 미신적인 것들을 참된 것으로 받아들이셨는지 아닌지는 중요하지 않다. 예수님이 십자가 사건 후에 정말로 부활하셨는지 아니면 신실한 제자들이 예수님이 부활하셨다고 착각한 것인지는 중요하지 않다. 중요한 것은 우리가 예수님을 믿고 예수님의 가르침을 따르려고 노력하는 것이다."

이런 사람들은 예수님이 무엇 때문에 바리새인들과 충돌했는지를 분명히 알아야 한다. 예수님과 바리새인들 사이의 논쟁의 초점은 '예수가 누구인가?'였다. 자신이 하나님이라는 예수님의 주장이 그들을 분노하게 만들었다. 만일 예수님이 하나님과 동등하다는 주장을 스스로 철회하셨다면, 그들의 분노를 잠재울 수 있었을 것이다. 그러나 예수님은 그렇게 하기를 거부하셨다. 오히려 예수를 믿는 것이 곧 예수가 하나님이심을 믿는 것이고, 이 믿음을 떠나서는 구원이 없다고 주장하셨다.

"예수께서 가라사대 너희는 아래서 났고 나는 위에서 났으며 너희는 이 세상에 속하였고 나는 이 세상에 속하지 아니하였느니라 이러므로 내가 너희에게 말하기를 너희가 너희 죄 가운데서 죽으리라 하였노라 너희가 만일 내가 그인 줄 믿지 아니하면 너희 죄 가운데서 죽으리라"(요 8:23,24).

그리스도를 믿어 구원을 얻으려면 그리스도에 관한 진리를 제대로 알고 믿어야 한다. 그 밖의 다른 방법은 없다.

'믿는 것'과 '머릿속으로 그리면서 이해하는 것'

불신앙이 만연한 악한 시대를 살아가는 내가 굳이 불신앙에 대하여 변명하는 듯한 말을 해서 남들에게 오해를 받고 싶지는 않다. 우리에게 믿음이 부족한 것에 대해서는 당연히 우리가 책망을 받아야 한다. 그러나 여기서 우리는 한 가지 구별을 해야 한다. '믿음이 없다는 것'과 '믿음의 내용을 머릿속으로 이해하는 능력이 부족하다는 것'은 서로 다르다. 전자는 비난받아야 마땅하지만, 후자는 개선되어야 한다.

성경의 어떤 진리들은 우리의 머리로 이해하기에는 벅찬 것들이다. 이런 진리들은 우리가 상상력을 동원해서 이해하려고 애써도 잘 이해되지 않는다. 우리는 이 진리들을 믿지만, 그것들이 우리의 마음에 와 닿지는 않는다.

객관적 진리는 믿기 쉽지만 주관적 진리는 믿기 어렵다. 객관적 진리는 무엇인가? 예를 들면 그것은 성경에 기록된 진리를 말한다. 성경에 기록된 사실들은 객관적이고 가시적(可視的)인 것이기 때문에 믿는 데 어려움이 없다. 우리는 모세, 다윗 그리고 베드로에 관한 사실들을 믿는 데 어려움을 느끼지 않는다. 왜냐하면 그것들은 하나님의 말씀인 성경에 기록되어 있기 때문이다. 반면 우리가 거듭난다거나 하나님이 우리 안에 거하신다는 것들은 우리가 확인하기에 쉬운 것은 아니다. 이것들을 확인하는 것은 영적인 문제가 아니라 우리의 마음과 관계된 문제이다. 그러므로 우리는 이것들을 확인할 수 있는 능력이 부족하다고 해서 우리 자신을 책망해서는 안 된다.

내가 전에 여러 번 강조했듯이, 올바르게 살기 위해서는 올바르게 생각해야 한다. 올바르게 생각하기 위해서 우리는 '믿는 것'과 '머릿속으로 그리면서 이해하는 것'을 구별해야 한다. 이 두 가지는 서로 다르다. '믿지 않으려고 하는 것'은 빛보다 어두움을 더 사랑하는 것이다. 반면 '머릿속으로 그리면서 이해하는 능력이 없는 것'은 단지 상상력이 부족한 것이기 때문에 그리스도의 심판대(審判臺)에서 우리에게 불리하게 작용하지 않을 것이다.

지적 능력이 뛰어난 사람들은 상상하고 이해하는 데 능하다. 이것은 그들의 도덕적 및 영적 상태와 아무 관계가 없다. 하나님과 예수님을 믿지 않는 사람이라 할지라도 상상력이 뛰어나면 그가 듣는 모든 것을 마음속에서 잘 상상하고 이해할 수 있다. 이런 사람은 차트나 삽화 없이도 아주 잘 이해할 수 있는데, 왜냐하면 마치 사진처럼 생생하게 머릿속으로 상상할 수 있기 때문이다. 반면 어떤 사람은 하나님의 말씀을 다 믿고 순종과 사랑으로 자신의 믿음을 실천하지만, 자기가 믿는 것을 머릿속으로 그리고 상상하는 데에는 익숙하지 못하다. 이런 사람은 자칫 자신이 믿음이 없다고 스스로를 책망할 수도 있다.

신앙은 상상력이 아닌 도덕적 능력

현명한 그리스도인은 '상상력 또는 이해력'이라는 잣대로 자신의 믿음을 평가하지 않는다. 나의 개인적인 이야기를 하자면, 나 자신도 부활과 내세에 대하여 머릿속에 그림을 그리는 것이 여간 어려운 일이 아니다. 나는 부활과 내세에 대한 성경의 모든 기록을 절대적으로 믿는다. 나는 하나님의 모든 가족과 더불어 이렇게 고백하는 바이다.

> 성령을 믿사오며
> 거룩한 공회와
> 성도가 서로 교통하는 것과
> 죄를 사하여 주시는 것과
> 몸이 다시 사는 것과
> 영원히 사는 것을 믿사옵나이다.

그러나 이렇게 고백하면서도 나는 부활과 내세의 영광스러운 상태에 대하여 상상할 때 별로 실감이 나지 않는다. 나는 요한계시록을 깊이 연구해보았지만 내세의 삶을 상상하는 데에는 큰 도움을 얻지 못했다. 나는 클루니의 베르나르(Bernard of Cluny, 12세기의 유명한 수도자이며 시인 - 역자 주)의 천국에 대한 아름다운 찬송가 '저 하늘나라'의 가사를 깊이 음미하였다(한글 찬송가 538장 '예루살렘 금성아'는 베르나르의 장시 중 일부를 따온 것이다 - 역자 주). 그러면서 때때로 그 가사에 나타난 장면들을 상상하면서 거의 나를 잊고 감정이 고조된 상태에 빠지기도 했다. 그러나 내가 바로 그런 천국에 가 있는 것을 상상하려고 할 때, 왠지 현기증이 나는 것 같았다. 우리 주님이 우리를 위하여 처소를 예비하러 가셨으며, 그분이 다시 오셔서 우리를 그곳으로 인도하실 것이라는 사실을 나는 조금도 의심하지 않고 믿는다. 그러나 나는 지금 그것이 잘 상상이 되지 않는다.

틀림없이, 탁월한 상상력과 깊은 성경 지식을 갖춘 베르나르도 자신이 하늘의 처소에서 하나님을 뵙는 것을 상상하는 것이 쉽지만은 않았을 것이다. 처음에 나는 그가 다음과 같이 말하는 것을 듣고 그의 믿음이 약하다고 그를 약간 비난한 적이 있다.

오! 아름다운 복된 나라여,
내가 네 얼굴을 볼 수 있겠는가?

오! 아름다운 복된 나라여,
내가 네 얼굴을 볼 수 있는 은혜를 얻을 수 있겠는가?

위로하고 축복하고 싶은 소망이
내 마음속에 자리 잡고 있다네.

내가 천국의 상을 얻을 수 있을까?
나에게, 나에게 "그렇다"고 말해주게나!

그러나 그 다음 나는 그가 자신이 제기한 의문에 다음과 같이 긍정적으로 대답하는 것을 듣고 그의 마음을 이해할 수 있었다.

오, 허섭스레기여! 기뻐하라,
주님은 너의 것이라.

너는 그분의 것이라,
영원히 그리고 지금도… .

'눈에 보이지 않는 것들'을 마음속에 완벽하게 상상하여 우리의 불완전한 마음을 만족시키는 능력이 신앙이라고 착각하지 말라. 신앙은 그리스도를 믿고 의지하는 도덕적 능력이다. 아버지와 함께 여행을 떠나는 아이가 두려움에서 벗어나는 방법은 다가올 일들을 마음속에 그릴 수 있는 능력을 갖추는 것이 아니다. 그는 단지 아버지를 믿고 의지하면 되는 것이다. 이 땅에서의 우리의 삶은 다양한 미스터리들이 서로 얽혀 있기 때문에 우리는 그것들을 다 이해하지 못한다. 다만 우리는 그것들을 체험할 뿐이다. 하물며, 성령 안에서의 삶이랴! 예수님이 우리의 모든 것이 되신다. 우리는 오직 그분을 의지하면 된다. 나머지는 그분이 다 맡아서 처리하실 것이다.

내가 이사야 선지자가 전하는 다음과 같은 말씀에서 큰 평안을 느끼는 것은 바로 하나님을 단순하게 의지하기 때문이라고 나는 믿는다.

"내가 소경을 그들의 알지 못하는 길로 이끌며 그들의 알지 못하는 첩경으로 인도하며 흑암으로 그 앞에 광명이 되게 하며 굽은 데를 곧게 할 것이라 내가 이 일을 행하여 그들을 버리지 아니하리니"(사 42:16).

하나님은 이 세상에서 나를 실망시키지 않으셨다. 그러므로 나는 그분이 내세에서도 나를 실망시키지 않으실 것이라고 믿는다.

12장 가짜는 신학을 경시한다

THAT INCREDIBLE CHRISTIAN

> 이 세상에서 올바로 살고 영원한 하늘나라에 이르게 하는 데 필수적인 것은 신학이다. 우리는 어렵게 배우고 쉽게 잊어버리기 때문에 많은 어려움을 겪는다. 그러므로 우리는 굳게 결심하고 신학을 연구해야 한다.

신학 연구의 유익

우리에게 가장 많은 유익을 주는 중요한 연구는 신학 연구이다. 오늘날 신학이 다른 학문들에 비하여 사람들의 관심의 대상이 되지 못하고 있다. 그렇다고 해서 신학의 중요성이 간과되어서는 안 된다. 신학이 인기가 없다는 것은, 아직도 하나님을 불편하고 귀찮게 여기는 많은 사람들이 그분의 임재를 피하여 동산의 나무들 사이에 숨어 있다는 것을 보여줄 뿐이다. 그들은 자신들이 하나님으로부터 소외되어 있다는 것을 깊이 느낀다. 그리하여 그들은 자신들이 하나님과 화목하지 못하다는 것을 잊어버림으로써 겨우 마음의 평안을 유지하면서 살아가고 있다.

만일 하나님이 계시지 않는다면 우리의 상황은 완전히 달라졌을 것이다. 궁극적으로 우리 삶에 대한 '결산(決算) 보고서'를 우리에게 요구하는 분이 존재하지 않는다면 적어도 우리는 마음의 큰 부담을 덜 수 있을 것이다. 만일 그런 분이 존재하지 않는다면 우리는 단지 국가의 법의 테두리 안에서 살아가면 될 것이다. 대부분의 나라들에서 국가의 법을 지키며 살아가는 것이 그렇게 어려운 일은 아니다. 그러므로 만일 그런 분이 존재하지 않는다면 우리는 아무것도 두려워할 필요가 없을 것이다. 그러나 하나님이 땅을 만드시고 인간을 그 위에 두셔서 그에게 도덕적 시험기간을 부과하셨기 때문에 우리는 하나님의 뜻을 알아서 실행해야 할 무거운 책임을 지고 있는 것이다.

실존주의 철학자들이 하나님의 존재를 부인하면서도 유신론(有神論)의 논리를 사용하여 사람들에게 윤리적 삶을 요구하는 것은 모순이라고 나는 늘 생각해왔다. 예를 들어보자. 사르트르(Jean-Paul Sartre, 1905~1980. 프랑스의 철학자, 소설가, 극작가 - 역자 주)는 자신이 무신론적(無神論的) 실존주의자라고 분명히 밝힌다. 그는 이렇게 말한다.

"만일 신(神)이 존재하지 않는다면, 어떤 가치 체계나 계명에 의지하여 우리의 행위를 정당화할 필요가 없다. 그러므로

(신이 존재하지 않기 때문에) 우리는 수많은 매력적인 가치들 중에서 우리 마음대로 고를 수 있고, 거기에 대해 변명하거나 정당화하려고 애쓸 필요가 없다. 우리는 철저히 혼자이다. 그 누구에게 책임질 필요가 없다."

그러나 이렇게 말해놓고 나서 그는 그의 글의 다음 단락에서 "인간은 자신의 욕망에 대해 책임을 진다. 겁쟁이는 자신의 두려움에 대해 책임을 져야 한다"라고 직설적으로 말한다. 그리고 그는 이런 생각을 하게 되면 실존주의자는 고뇌와 고독과 절망에 빠질 수밖에 없다고 덧붙인다.

내가 보기에, 사르트르가 전개하는 논리는 그것이 파괴하려고 애쓰는 모든 것들이 참되다는 것을 전제하지 않고는 성립될 수 없다. 만일 신(神)이 존재하지 않는다면, '책임'이라는 것이 성립될 수 없다. 범죄자가 '존재하지 않는' 재판관을 두려워할 필요는 없다. 범죄자가 입법부에서 법으로 통과되지도 않은 것을 어겼을까봐 두려워할 필요는 없다. 범법자가 두려움을 느끼는 것은 법과 재판관이 존재한다는 것을 알기 때문이다. 범법자는 누군가에게 책임을 져야 한다. 그렇지 않다면, '책임'이라는 것 자체가 성립할 수 없다.

신학의 중요성

신학이 지극히 중요한 이유는 바로 하나님이 존재하시고, 하나님의 형상으로 창조된 인간이 하나님에게 책임을 져야 하기 때문이다. 하나님과 인간의 운명에 대한 의문들에 대해 답을 줄 수 있는 것은 오직 기독교의 계시이다. 기독교 계시의 권위 있는 대답을 외면하고 다른 곳에서 답을 찾다가 아무 답도 발견하지 못하는 것은 정말 어리석은 일이다.

미국을 횡단하려는 자동차 운전자가 교통 지도를 제쳐두고 대신 통나무에 낀 이끼를 찾거나 야생벌과 천체(天體)의 움직임을 관찰함으로써 길을 찾으려 한다면, 그는 결코 자신의 잘못에 대해서 책임을 면치 못할 것이다. 만일 지도가 없다면 사람들은 별들을 보고 길을 찾을 것이다. 그러나 별들은 집으로 돌아가려는 여행자에게 충분한 지도의 구실을 해주지 못한다.

희랍인들은 '계시의 지도' 없이 철학을 통하여 나름대로 여행을 시도했으나 구원에 이를 수는 없었다. 반면 히브리인들은 '계시의 지도'를 가지고 있었기 때문에 인간의 철학을 필요로 하지 않았다. 희랍 철학에 완전히 무지(無知)하지는 않은 내가 확신하는 것은, 이사야서의 아름다운 한 장(章)이나 다윗의 영감된 시편 하나가 희랍 전성기 때에 배출된 최고의 철학자들의 모든 철학보다 더 많은 도움을 인류에게 줄 수 있다는 것이다.

문명화된 현대인들이 영감된 성경을 무시하는 것은 참으로 불명예스럽고 수치스러운 일이다. 그들이 하나님, 인간의 운명 그리고 그들의 영혼에 대하여 알기를 원하는 것이나 알아야 할 것을 그들에게 가르쳐줄 수 있는 것이 바로 성경이다. 인간에게 정말로 중요한 것은 미래의 문제인데 사람들이 막대한 시간과 돈을 과거의 비밀들을 캐는 데 쏟아붓는 것은 참으로 아이러니컬한 일이다.

그 누구도 조상에 대해서 책임질 필요가 없다. 그가 책임져야 할 과거가 있다면 그것은 오직 그가 이 땅에서 살아온 상대적으로 아주 짧은 기간의 과거이다. 인류학자가 발견할 수 있는 모든 것들보다 나에게 더 중요한 것은 내 짧은 과거에 범한 죄들을 어떻게 하면 용서받을 수 있는가, 지금 내가 어떻게 하면 죄를 짓지 않고 살 수 있는가 그리고 미래에 어떻게 하면 하나님의 복된 임재 안으로 영원히 들어갈 수 있는가 하는 문제들이다. 영원한 영광을 소망하며 이를 바라보고 나아갈 수 있는 수단이 주어져 있지만 먼지가 수북히 쌓인 과거에만 자꾸 관심을 갖는 것은 참으로 '관심의 도착(倒錯)'이라고 말하지 않을 수 없다.

아무리 무해(無害)한 것처럼 보일지라도 나를 성경에서 멀어지게 하는 것은 나의 적(敵)이다. 내가 하나님과 영원한 것들을 묵상해야 할 시간에 나의 관심을 다른 데로 돌리게 하는 것은 나의 영혼에 해를 끼치는 것들이다. 내가 생활의 염려 때문에 성경말씀을 잊어버린다면 그것은 참으로 내가 감당하기 힘든 재앙이다. 성경 대신 어떤 다른 것을 내가 의지한다면 나는 영생을 도둑맞는 것이다.

이 세상에서 올바로 살고 영원한 하늘나라에 이르게 하는 데 필수적인 것은 신학이다. 우리는 어렵게 배우고 쉽게 잊어버리기 때문에 많은 어려움을 겪는다. 그러므로 우리는 굳게 결심하고 신학을 연구해야 한다. 우리는 설교단(說敎壇)에서 신학을 전하고, 찬송가 가사에 신학을 포함시키고, 우리 자녀들에게 신학을 가르치고, 그리스도인 친구들을 만날 때 그것을 대화의 주제로 삼아야 한다.

사실과 진리의 차이

이렇게 나는 신학의 중요성을 역설하지만, 신학적 진리가 사변에만 그쳐서는 안 된다고 생각한다. 오랜 세월 동안 나는 진리를 삶으로 실천할 때에야 비로소 진리를 이해할 수 있다고 믿어왔다. 다시 말해서, 우리의 삶 전체가 성경과 신학의 진리를 소화하고 흡수할 때까지는 그 진리가 우리에게 아무런 효과를 갖지 못한다는 것이 나의 확신이다. 이것이 구약의 선지자들의 가르침의 중요한 요소이며, 우리 주 예수님의 도덕적 교훈의 핵심이라고 나는 믿는다. 이런 나의 확신 때문에 사실 나는 약간 소외감을 느낄 때도 있다. 왜냐하면 나의 그리스도인 형제들 중 나의 이런 확신에 공감하는 사람들이 많지 않기 때문이다. 진리를 노골적으로 부정하는 사람은 없다. 그러나 진리의 중요성을 강조하는 사람들도 거의 없다. 사람은 목소리를 높여서 자신의 신념을 표현하기도 하지만 또한 침묵 속에서 자신의 신념을 간접적으로 드러내기도 한다.

"진리를 삶으로 실천할 때에야 비로소 진리를 이해할 수 있다"는 주장은 처음에는 재미없고 따분하게 보이지만 알고 보면 우리에게 지극히 중요한 진리들 중의 하나이다. 내가 아는 한, 이것은 어떤 교파나 신학적 학파의 교리로 명확히 진술(陳述)되지는 않았다. 그렇지만 이것은 그리스도에 대한 신앙을 진지하게 생각하는 사람들과 그것을 소홀히 하는 사람들을 구별할 수 있는 시금석과 같다.

내 확신의 핵심은 '사실'(fact)과 '진리'(truth) 사이에는 차이가 있다는 것이다. 그것도 아주 어마어마한 차이가 있다. 성경에 나오는 진리는 사실 이상의 것이다. 사실은 차갑고 비인격적(非人格的)인 것이고, 삶에서 완전히 분리되어 삶과 아무 관련이 없을 수 있다. 반면 진리는 따뜻하고 살아 있고 영적이다.

우리가 신학적 사실에 대한 지식을 평생 가지고 있으면서도 우리의 도덕과 인격이 조금도 변하지 않을 수 있다. 반면 진리는 창조하고 구원하고 변화시킨다. 언제나 진리는 그것을 받아들인 사람을 좀 더 거룩하고 겸손한 사람으로 변화시킨다.

사실이 진리가 되는 순간

언제 신학적 사실이 그것을 받아들인 사람에게 '생명을 주는 진리'가 되는가? 그것은 '순종이 시작될 때'이다. 우리의 의지가 그리스도를 주(主)로 인정하고 헌신하겠다고 동의(同意)할 때, 신리는 조명(照明)하고 구원하는 사역을 시작한다. 그 전에는 절대 그런 사역을 시작하지 않는다.

우리 주님은 당시의 종교 원문주의자(原文主義者, 성경의 본문에 엄격하게 집착하는 사람 - 역자 주)와 갈등을 일으키실 때 종종 짧은 말씀들을 하셨다. 그 말씀들은 방대한 진리의 보고(寶庫)를 열 수 있는 열쇠이다. 사실 이런 말씀들은 복음서들에서 어렵지 않게 발견할 수 있는데, 요한복음 7장에 보면 "사람이 하나님의 뜻을 행하려 하면 이 교훈이 하나님께로서 왔는지 내가 스스로 말함인지 알리라"(요 7:17)라는 말씀이 나온다. 로버트슨(A.T. Robertson, 1863~1934. 미국의 신학자로서 신약 헬라어의 권위자 - 역자 주)은 그의 책 「신약원어 대해설」에서 "우리는 머리로만 아는 지식과 하나님의 뜻을 행하려는 의지(意志)를 구별해야 한다"라고 말한 다음, "공감(共感)이 없다면 이해도 없다"는 웨스트코트(Westcott)의 말을 인용한다.

위대한 영국의 성경학자 웨스트코트(1825~1901. 신약의 분문 연구와 신약 주석으로 유명한 신학자 - 역자 주)와 탁월한 미국의 주석가 로버트슨은, 주님의 이런 말씀들이 "진리에 복종하는 사람만이 진리를 이해할 수 있다"는 가르침이라고 해석한다. 그러나 안타깝게도, 오늘날 평균적인 복음주의적 성경학자들은 이들의 해석이 너무 혁명적이기 때문에 마음을 불편하게 한다고 생각하여 무시한다.

그러나 그리스도와 사도들의 가르침의 참의미를 이해하려고 한다면 우선 그 가르침에 순종해야 한다. 오랜 교회의 역사를 살펴볼 때, 교회 부흥의 역사가 일어날 때마다 거기에는 항상 진리에 대한 순종이 있었다. 되살아난 교회와 죽은 교회를 가르는 시금석은 교회 구성원들이 진리에 대해서 어떤 태도를 취하느냐이다. 죽은 교회는 진리에 복종하지 않고 단지 진리의 껍질만을 붙든다. 반면 하나님의 뜻을 행하려는 교회는 즉시 영적인 능력을 부여받는 복을 받는다.

신학적 사실들은 엘리야가 갈멜산 위에 만든 제단과 같다. 그 제단이 아무리 제대로 잘 차려졌다 할지라도 하늘에서 불이 내려오기 전까지는 차가웠다. 온전한 순종이 있을 때, 하늘에서 불이 내려와서 사실들을 영적인 진리로 변화시킨다. 그리고 영적인 진리는 사람들을 변화시키고 빛을 비추어주고 거룩하게 한다. 성경 공부만 하고 성령님에게 가르침을 받지 못한 교회나 개인은, 진리가 그것에 대한 신학적 진술(陳述)보다 더 깊은 차원의 것임을 깨닫지 못한다. 안타깝게도, 실제로 이런 교회나 개인이 많이 있다.

우리가 진리에 참여하는 자가 되기 전까지는 진리가 우리를 도울 수 없다. 14세기에 살았던 '시내의 성 그레고리'(St. Gregory of Sinai, 13세기 말에 출생하여 1346년에 사망. 희랍정교회의 수도사, 신학자, 신비주의자 - 역자 주)는 이해와 참여가 영적 생활에서는 서로 불가분의 관계에 있다고 가르쳤다. 그는 이렇게 말했다.

"계명을 지키지 않고 단지 독서와 학습을 통해 계명을 이해하려는 사람은 그림자를 실체(實體)로 착각하는 사람과 같다. 왜냐하면 진리를 정말 이해할 수 있는 사람은 진리에 참여한 사람, 즉 삶을 통해서 진리를 맛본 사람뿐이기 때문이다. 진리에 참여하지 않은 사람, 즉 진리 안으로 들어가 보지 않은 사람이 그것을 이해하려고 한다면, 인간적 지혜로 그것을 왜곡시키게 된다. 이런 사람은 진리에 대한 자신의 지식을 자랑할지 모르지만, 사도 바울은 이런 사람에 대하여 '육(肉)에 속한 사람은 하나님의 성령의 일을 받지 아니하나니 저희에게는 미련하게 보임이요'(고전 2:14)라고 말한다."

지금까지 내가 강조하여 주장한 것은 교회의 사상과 가르침에서 소홀해졌지만, 이제는 반드시 교회에서 강조하고 가르쳐야 할 내용이다. 교회가 이렇게 할 때 놀라운 역사들이 일어날 것이다.

신적 조명의 필요성

영적 진리는 그것의 본질에 있어서 그리고 우리가 그것을 이해하는 방식에 있어서 자연적 진리와 다르다.

우리는 우리의 도덕적 또는 영적 상태와 관계없이 자연적 진리를 배울 수 있다. 예를 들어, 선인이든 악인이든 정상적인 지성(知性)을 갖춘 사람이라면 누구나 자연과학의 진리를 이해할 수 있다. 논리와 인간적 순수성 사이에, 해양학(海洋學)과 친절한 성품 사이에 아무 관계가 없다. 지적 능력만 있으면 누구라도 철학적 명제(命題)를 이해할 수 있다. 어떤 사람이 평생 동안 철학을 연구하고 가르치고 철학에 관한 책을 쓰면서도, 동시에 평생 동안 사적(私的)인 대인관계에서 교만하고 탐욕적이고 부정직할 수 있다.

이 점에 있어서는 신학도 다르지 않다. 반드시 경건해야 신학을 배울 수 있는 것은 아니다. 사기꾼이나 산적(山賊)도 경건한 그리스도인처럼 이 세상의 어떤 신학교에서라도 공부할 수 있을 것이다. 대다수 신학생들의 도덕성이 보통사람들의 평균적인 도덕성보다 훨씬 높을 것이라고 나는 믿는다. 그러나 신학생들이 신학교에서 퇴학당하지 않기 위해서 요구되는 수준의 도덕성보다 더 높은 도덕성을 유지하지 않으면서도 얼마든지 신학 공부를 할 수 있는 것이 또한 현실이다. 우리는 이 점을 분명히 명심해야 한다.

만일 예수님 당시에 신학사(神學士) 학위가 수여되었다면 가룟 유다도 학위를 받았을 것이라고 그리 어렵지 않게 상상할 수 있다. 신학생의 연구와 그의 마음의 상태 사이에는 아무런 필연적인 관계가 없다. 성인(聖人)뿐만 아니라 죄인도 죄론(罪論), 속죄론, 종말론, 성령론의 어떤 내용이라도 다 이해할 수 있다. 높은 수준의 성결한 상태에 도달한 사람만이 헬라어나 히브리어를 배울 수 있는 것은 아니다.

그러나 그렇다고 해서 우리가 도덕성과 상관없이 신앙적 지식을 가져야 한다는 말은 물론 아니다. 우리가 명심해야 할 것은 하나님이 우리에게 신학적 지식뿐만 아니라 영적 진리까지도 전해주기를 원하신다는 것이다. 우리는 영적 진리를 자연적이고 일상적인 방법으로 깨달을 수 없다. 사도 바울은 고린도 교인들에게 이렇게 말했다.

"육(肉)에 속한 사람은 하나님의 성령의 일을 받지 아니하나니 저희에게는 미련하게 보임이요 또 깨닫지도 못하나니 이런 일은 영적으로라야 분변함이니라"(고전 2:14).

지적인 빛을 초월하는 신적 조명

우리 주님도 성령께서 조명(照明)해주시지 않으면 깨달을 수 없는 이런 지식에 대하여 여러 번 언급하셨다. 주님의 가르침에 의하면, 이런 지식은 오직 하나님이 빛을 비추어주실 때 얻어지는 결과이다. 다시 말해서, 신적(神的) 조명의 결과이다. 신적 조명은 지적(知的)인 빛(조명)과 모순되는 것이 아니라, 그것을 완전히 초월한다. 이런 사상은 제4복음서, 즉 요한복음에 많이 나온다. 요한의 복음을 이해하려면 이 사상을 반드시 이해해야 한다. 그러므로 이 사상을 부정하는 사람은 누구나 요한이 전하는 우리 주님의 교훈들을 이해할 수 없다. 이 사상은 요한일서에서도 발견된다. 이 사상 때문에 요한일서는 이해하기에 매우 어려운 서신이 된다. 그러나 이 서신의 교훈들을 영적으로 잘 분별한다면 그것은 신약의 서신들 중 가장 아름답고 유익한 서신들 중 하나가 된다. 왜냐하면 바로 이 사상이 그 안에 들어 있기 때문이다.

영적 진리를 이해하기 위해서는 반드시 영적 조명이 선행되어야 한다는 사상은 신약 전체가 가르치는 사상이다. 뿐만 아니라 그것은 시편, 잠언 그리고 선지서들의 교훈들과 전적으로 일치한다. 구약의 외경(外經)도 시편, 잠언 및 선지서들의 내용에 동의한다. 외경이 하나님에 의해서 영감된 것으로 볼 수는 없지만, 그래도 우리에게 유익을 줄 수는 있다. 왜냐하면 외경은 고대 이스라엘의 지혜로운 사람들이 하나님의 진리에 대하여 그리고 그 진리가 인간의 마음에 어떻게 받아들여질 수 있느냐에 대하여 깊이 연구하는 중에 씌어진 글이기 때문이다.

신약은 '자연적인 사람'과 '하나님의 불을 받은 사람'을 날카롭게 구별한다. 베드로가 "주는 그리스도시요 살아 계신 하나님의 아들이시니이다"(마 16:16)라고 훌륭한 신앙고백을 했을 때, 우리 주님은 "바요나 시몬아 네가 복이 있도다 이를 네게 알게 한 이는 혈육이 아니요 하늘에 계신 내 아버지시니라"(마 16:17)라고 대답하셨다. "성령으로 아니하고는 누구든지 예수를 주시라 할 수 없느니라"(고전 12:3)라는 사도 바울의 말도 동일한 진리를 표현한다.

내가 말하고 싶은 요점은, 하나님이 주시는 영적 조명이 없으면 신학적 진리도 단지 한낱 지식이나 정보에 지나지 않는다는 것이다. 신학과 상관없이 이 조명이 주어질 수 없지만, 이 조명이 없이 신학을 공부하는 것은 가능하다. 영적 조명 없이 신학을 공부하면 소위 '죽은 정통'이 되고 만다. "죽은 정통이 어떻게 가능하냐? 죽은 것이 어떻게 정통이 될 수 있느냐?"라고 반문할 사람이 있을지 모르겠지만, 단언하건대 경험적으로 볼 때 이것이 가능하다.

과거의 교회에서 다양한 경우에 일어난 부흥들을 살펴볼 때, 우리는 부흥의 본질이 이미 정통적인 신학을 가진 사람들의 영적인 생활을 소생시키는 것이라고 결론 내릴 수 있다. 부흥사들의 유일한 목적은 정통적 신조를 가지고 있지만 영적인 삶을 살지 않는 교회들을 각성시키는 것이었다. 만일 부흥사가 이 목적에 충실하지 않는다면 그는 더 이상 부흥사가 아니었다. 부흥은 오직 진리를 아는 사람에게서만 일어날 수 있다. 익히 알고 있는 교리들의 내적인 의미가 갑자기 그리스도인의 마음에 깨달아진다면, 그 사람에게서 부흥은 이미 시작된 것이다.

13장
가짜는 감정을 등한히 여긴다

우리는 감정들을 두려워하거나 무시해서는 안 된다. 왜냐하면 그것들은 하나님이 우리를 만드실 때 주어진 우리의 정상적인 부분이기 때문이다.

감정 없이 의지의 행동도 없다

드리버(James Drever, 1873~1950. 영국의 심리학자. 저서로 「일상생활의 심리학」이 있다 - 역자 주)의 「심리학 사전」은 '감정'을 이렇게 정의한다.

"감정은 마음이 차분한 상태에 있지 않고 강한 느낌에 이끌려서 특정한 행동으로 기울어지는 상태이다."

우리는 이런 상태에 자주 빠지곤 한다. 복잡하고 갈등이 많은 이 세상에 사는 보통사람들의 가슴에 하루에도 수백 번 이런 감정이 찾아왔다 사라지곤 한다. 불과 두세 달 동안의 기간에도 보통사람들은 황홀경부터 가벼운 우울증까지 다양한 감정들을 경험하면서 살아간다. 그러면서도 겉으로는 그런 감정들 때문에 특별히 더 좋아지거나 나빠지는 증세 없이 그냥 살아간다. 한 가지 밝혀둘 것은, 지금 내가 정신병적 상태에 있는 사람의 감정이 아니라 정상적인 사람들의 감정에 대하여 논하고 있다는 것이다.

우리는 감정들을 두려워하거나 무시해서는 안 된다. 왜냐하면 그것들은 하나님이 우리를 만드실 때 주어진 우리의 정상적인 부분이기 때문이다. 그것들이 없다면 온전한 인간의 생활이 불가능할 것이다. 만일 전혀 감정이 없는 사람이 존재한다면 그런 사람은 기피의 대상이 될 것이다. 그는 공상과학소설에 등장하는 '지성(知性)만을 가진 냉혈한(冷血漢)'이거나 정신병원의 불치병 병동에서 때때로 볼 수 있는 식물인간 같은 사람일 것이다.

다음 말씀은 지성과 감정의 올바른 관계 그리고 감정과 의지의 올바른 관계를 제시한다.

"예수께서 나오사 큰 무리를 보시고 불쌍히 여기사 그중에 있는 병인을 고쳐주시니라"(마 14:14).

사람들의 고통에 대한 지적(知的)인 인식이 예수님의 동정심을 자극했고, 동정심에 이끌린 예수님은 그들을 고쳐주셨다. 예수님의 심리 작용은 지성에서 감정으로, 다시 감정에서 의지로 진행된 것이다. 이것은 '자신의 유기체(有機體)가 자신과 완전히 조화된 이상적(理想的)인 분'의 심리 작용의 전형을 보여준다. 우리 인간도 예수님처럼 완전하지는 않지만 어느 정도 그분의 전형을 따르게 되어 있다.

언제나 감정은 지식(인식)과 행동 사이에 놓이게 된다. 다른 사람들의 고통에 대한 '심상'(心像)이 머릿속에 생기지 않는다면, 마음속에 동정의 감정이 생기지 않을 것이다. 동정의 감정이 의지에게 가서 충돌하여 그것을 움직이지 않는다면 긍휼의 행동이 일어나지 않을 것이다. 우리 인간은 바로 이렇게 만들어져 있다. 심상이 만들어내는 감정이 동정이든 사랑이든 두려움이든 욕망이든 슬픔이든 간에, 감정이 없다면 의지의 행동도 없다.

지금 내가 말하는 것은 사실 새로운 것이 아니다. 자식을 기르는 어머니, 대중을 이끌어야 할 정치인, 각계각층의 지도자, 하나님의 말씀을 전하는 설교자, 이런 사람들은 모두 사람들이 감동을 받아 행동으로 나서려면 먼저 그들의 마음속에 심상이 생겨야 한다는 것을 안다. 심지어 자신들의 유익을 위한 행동이라 할지라도 심상이 생겨야만 결국 행동으로 발전할 수 있다.

하나님은 진리가 우리를 도덕적 행위로 나아가도록 움직이게 만드셨다. 정신은 사물을 있는 그대로 마음속에서 심상으로 변화시켜 받아들이는데, 이것이 바로 관념(觀念)이다. 관념은 감정을 불러일으키고, 다시 감정은 의지가 진리에 따라 행동하도록 감동시킨다. 이것이 본래 하나님이 의도하셨던 심리 작용의 과정이다. 죄가 들어와서 우리의 내면을 파괴하지 않았다면 우리는 언제나 이런 식으로 살아갈 것이다.

악에 대한 동정심

 죄 때문에 우리의 심리적 작용의 세 요소들, 즉 진리와 감정과 행동 중에서 문제가 생기게 된다. 진리를 받아들이도록 창조된 마음은 종종 거짓에 치우치게 되고, 그런 과정에서 생긴 감정은 의지를 악한 행동으로 몰아넣는다. 잘못된 것 또는 금지된 것을 깊이 생각하면 이상하게도 우리 마음에는 악에 대한 동정심 같은 것이 생긴다.

 이것에 대한 안타까운 예(例)는 목욕하는 밧세바를 다윗이 오랫동안 쳐다본 것이다. 다윗은 그가 보는 것에 의해 마음이 움직였고, 그에 따라 행동하게 되었다. 결국 죄를 범한 그는 죽는 날까지 죄의 비극적 결과에 시달려야 했다. 그는 보고 느끼고 행동했다. 그로부터 수세기 후에 그의 주님도 병자들을 치료하실 때, 보고 느끼고 행동하셨다. 다윗과 예수님의 도덕적 차이는 감정적 차이에 기인한다. 그리고 그 감정적 차이는 감정을 불러일으킨 대상의 차이에 기인한다. 다윗은 아름다운 여인을 보았고, 예수님은 고통당하는 대중을 보았다. 전자는 죄로, 후자는 긍휼의 행동으로 이어졌다. 그러나 두 사람은 모두 심리 작용의 법칙에 따랐다.

'진리-감정-행동'이라는 과정에서 문제가 생기는 또 다른 이유는 우리의 마음이 이기적 목적을 위해 하나님의 말씀에 거슬려 스스로를 강퍅하게 하기 때문이다. 이것은 빛보다 어두움을 사랑하는 모든 사람들의 상태를 말해준다. 이런 사람들은 빛을 완전히 회피하거나 아니면 빛에 노출될 때 완고하게 저항하여 불순종한다. 탐욕스러운 사람은 다른 사람들의 곤경과 고통을 보면서도 마음을 굳게 닫는다. 고통당하는 사람들을 보면 자연히 동정심이 생기게 되고 그 동정심에 따르면 자신의 소유물 중 일부를 내어놓아야 할 것이다. 그런데 탐욕이 가득한 사람은 그렇게 하지 않으려고 한다. 그러므로 긍휼의 샘이 애당초 얼어붙은 것이다. 가난한 사람은 극한 고통 중에 있는데, 구두쇠는 그의 돈을 움켜쥐고 있다. 참으로 개탄할 만한 일이다. 그러므로 하나님이 탐욕을 미워하시는 것이 당연하지 않겠는가?

인간의 감정을 모두 봉쇄하고 마치 감정이 없는 것처럼 사는 것이 불가능하다는 것을 기억하라. 만일 흐르는 강을 막으면 강물은 다른 곳으로 흘러서 논과 밭을 파괴할 수 있다. 이와 마찬가지로 만일 감정이 정상적이고 자연스럽게 흐르는 것을 억압한다면, 그 감정은 다른 곳으로 뚫고 나와서 삶을 망치고 저주하고 파괴할 것이다.

이 세상의 육신적 쾌락들을 너무 오랫동안 응시하는 그리스도인은 왠지 그것들에게 동정의 감정을 갖게 되고, 결국 그런 감정은 세속적인 행위를 낳게 된다. 계속적으로 진리를 접하면서도 그 진리가 불러일으키는 충동에 순종하기를 거부하거나 소홀히 하는 것은 우리 안의 생명의 활동들을 방해하는 것이다. 이런 상태가 지속되면 성령님은 근심하시다가 결국 침묵하시게 된다.

성경말씀뿐만 아니라 우리의 본성도 우리에게 진리를 사랑하고 그 진리가 우리 안에서 불러일으키는 의로운 충동들에 순종하라고 가르친다. 자기의 영혼을 진정으로 사랑하는 사람은 이런 가르침에 따를 것이다.

감정의 성화

그리스도인에게 이렇게 감정은 중요하다. 그러나 그 감정이 경박해서는 안 된다. 일상의 안일함을 기뻐하거나 구차한 평안을 즐기는 것이 되어서는 안 된다. 성도의 기쁨에는 고난의 연단을 기뻐하는 성숙함도 있기 때문이다. 십자가의 기쁨도 있기 때문이다.

만일 하나님이 특별한 은혜를 주기 위해서 당신을 택하셨다면, 그분이 그분의 은혜를 덜 입은 사람들이 견뎌야 하는 것보다 더 엄격하고 힘든 훈련과 고난을 당신에게 부과하시는 것이 당연하다. 왜냐하면 그분이 당신을 영화롭게 만드시는 방법은 힘든 훈련과 고난이기 때문이다.

혹자는 "하나님이 자신의 자녀들 중에서 어떤 사람들에게 특별히 더 큰 호의를 베푸시는 것은 아니다"라는 반론을 틀림없이 제기할 것이다. 그러나 성경과 기독교 역사는 이 반론이 잘못된 것이라고 한 목소리로 말한다. 천국에서 영화롭게 된 자들뿐만 아니라 이 땅의 성도들도 서로 간에 영광의 정도가 다르다. 왜 이런 영광의 차이가 있는가? 본래 하나님의 깊으신 뜻에 의하여 그렇게 정해졌기 때문인가? 아니면 하나님의 자녀들이 하나님의 은혜에 얼마나 적극적으로 반응할 것인지를 미리 아시고 그렇게 정하신 것인가? 솔직히 말해서 나는 후자 쪽의 견해로 강하게 기울어지지만 그렇다고 확실히 단언할 수는 없다.

만일 하나님이 당신을 '좀 더 강한 신앙의 용사'로 만들기 시작하셨다면 하나님은, 흔히 대중적으로 인기 있는 기독교 선생들이 제시하는 하나님처럼 당신에게 부드럽게 대하지는 않으실 것이다. 가공되지 않은 볼품없는 대리석을 깎아서 아름다운 조각 작품을 만드는 조각가는 매니큐어 세트를 사용하지 않는다. 그는 톱, 망치, 끌 같은 잔인하리만큼 무지막지한 연장들을 사용한다. 왜냐하면 이런 도구들을 사용하지 않는다면 대리석 덩어리는 영원히 아무 모양 없이 조악(粗惡)한 상태로 남아 있을 것이기 때문이다.

당신을 하나님의 지고(至高)한 은혜의 작품으로 만들기 위해서 하나님은 당신이 가장 사랑하는 모든 것들을 당신의 마음에서 제거하실 것이다. 당신이 믿는 모든 것들이 당신에게서 떠날 것이다. 당신의 가장 소중한 보물들이 있었던 곳에는 잿더미만 남을 것이다.

내가 이런 말을 하는 것은 '성결하게 만드는 가난의 능력'을 가르치기 위함이 아니다. 만일 가난이 사람을 거룩하게 만든다면 공원 벤치의 노숙자들은 벌써 성자(聖者)가 되었을 것이다. 하나님이 단순히 우리에게서 모든 것들을 빼앗아감으로써 우리를 거룩하게 만드시는 것은 아니다. 그분의 깊은 지혜는 우리로 하여금 그것들에게 집착하지 못하게 하는 방법을 사용하신다. 다시 말해서, 하나님은 우리에게 그것들을 허락하시지만, 우리가 그것들을 하나님보다 더 사랑하는 미성숙(未成熟)한 단계에 머물지 못하게 하신다. 다른 어떤 것보다 하나님을 더 사랑하는 성숙한 단계에 이르렀을 때 우리는 해를 당하지 않으면서 그것들을 즐길 수 있게 된다.

평안과 기쁨이 없더라도

하나님은 당신을 성숙한 단계로 끌어올리기 위해서 당신의 어떤 것들을 희생시키신다. 예를 들면, 하나님은 이제까지 당신의 삶을 지탱해주고 재미있게 만들었던 즐거움들을 희생시키신다. 성령님이 당신을 세심하게 다루실 때 당신의 삶은 메마르고 딱딱하고 심지어 당신에게 어느 정도 부담스러운 것이 된다.

이렇게 될 때 당신은 '살아야만 한다는 맹목적 의지(意志)'로 버티면서 삶을 영위한다. 전에 당신이 즐겼던 내적인 재미와 달콤함은 더 이상 찾아볼 수 없다. 하나님은 당신을 향해 미소 짓지 않으신다. 적어도 하나님의 미소는 당신의 눈에서 감추어져 있다. 이런 상태에서 당신은 신앙이 무엇인지 배우게 된다. 당신은 자신에게 열려 있는 유일한 길이 힘들고 어려운 길이라는 것을 배운다. 당신은 신앙의 본질이 의지에 있다는 것을 배운다. 당신은 사도가 말한 '말로 표현할 수 없는 기쁨'을 주는 것이 신앙 자체가 아니라, 천천히 익어가는 신앙의 열매라는 것을 배운다.

당신은 어떤 때는 영적인 기쁨을 느끼고 또 어떤 때는 그것을 느끼지 못하기도 하겠지만, 하나님의 참자녀로서의 당신의 지위에는 전혀 변화가 없다는 것을 배운다. 아마도 당신이 깜짝 놀랄 만한 이야기겠지만, 당신은 스스로 하나님과 사람들 앞에서 전혀 부끄러움 없이 살아가는데도 이상하게 미성숙한 그리스도인들이 입버릇처럼 말하는 '평안과 기쁨'을 전혀 느끼지 못할 수 있다는 것을 배우게 된다.

'밤의 사역'의 능력

당신의 이런 '영혼의 밤'이 얼마나 오래 지속되느냐는 몇 가지 요인들에 의해서 결정된다. 당신은 나중에라도 이 요인들 중 일부가 어떤 것인지를 깨닫게 될 수도 있지만, 그 외의 다른 요인들은 언제까지나 당신에게 숨겨질 수 있다. 아무튼, 최고의 선생님이신 성령님이 "낮이 당신의 것이며, 밤도 당신의 것이다"라는 말의 의미를 당신에게 깨우쳐주실 것이다. 그때 비로소 당신은 '밤의 사역'이 얼마나 복된 것인지를 체험을 통해 깨닫게 될 것이다.

그러나 기쁨이 없이 살아갈 수 있는 인간의 능력에는 한계가 있다. 심지어 주님이 십자가를 견디실 수 있었던 것도 그분 앞에 놓인 기쁨 때문이었다. 아무리 강한 강철이라 해도 너무 오랫동안 압력을 받으면 부러지게 마련이다. 하나님은 우리 각 사람이 압력을 얼마나 견딜 수 있는지를 아신다. 그분은 우리가 밤을 얼마나 견딜 수 있는지를 아시기 때문에, 때가 되면 압력을 완화시키신다. 우선 아침별의 반가운 불빛을 통해서, 그 다음에는 좀 더 풍부한 아침 햇살을 통해서 압력을 완화시키신다.

그때 당신은 고통 속에서 하나님의 사랑을 점점 발견하고, 당신에게 일어난 모든 일들의 의미를 깨닫게 된다. 당신은 이 세상의 어떤 학교에서도 배울 수 없는 것을 스스로 깨우치게 될 것이다. 다시 말해서 당신은, 기운을 북돋워주는 기쁨 없이도 신앙이 당신을 치유할 수 있다는 것을 깨닫게 될 것이다. 당신은 밤의 사역이 어떤 것인지를 이해하게 될 것이다. 즉, 정결하게 만들고 세상에 초연하게 만들고 겸손하게 만들고 죽음의 공포를 극복하게 만들고, 더 나아가 적어도 현재는 당신에게 가장 문제가 되는 '삶에 대한 공포'를 극복하게 만드는 '밤의 사역'의 능력을 알게 될 것이다. 그리고 기쁨도 할 수 없는 일을 때로는 고통이 이룰 수 있다는 것을 배우게 될 것이다. 그렇다! 고통은 이 땅의 사소한 일들이 얼마나 헛된 것인지를 폭로하고, 당신의 마음을 천국의 평안에 대한 갈망으로 채울 것이다.

이제까지 내가 한 이야기는 무슨 독창적인 것이 아니다. 이것은 고민하면서 진리를 깊이 체험한 각 세대의 성숙한 그리스도인들이 반복적으로 발견해온 것이다. 사실, 이것은 성숙한 그리스도인에게는 너무나 당연한 영적 진리이기 때문에 진부한 이야기로 느껴질 수도 있을 정도이다. 그런데 왜 우리는 이것을 자꾸 강조해서 이야기해야 하는가? 그것은 현재 유행하고 있는 형태의 기독교는 이런 진지하고 심각한 수준에 미치지 못하기 때문이다. 현대의 그리스도인들은 고작 마음의 평안, 영적 기쁨 및 하나님의 은혜의 가시적(可視的) 증거로 해석되는 상당한 정도의 '물질적 풍요'를 추구할 뿐이다.

그러나 비록 소수이겠지만, 일부의 사람들은 이 깊은 진리를 이해할 것이다. 바로 이런 사람들이 신약성경의 기독교가 다음 세대까지 살아남기 위해서 반드시 필요한 '실천적 성도들의 정예 요원들'이다.

14장
THAT INCREDIBLE CHRISTIAN
가짜는 영적 균형감이 없다

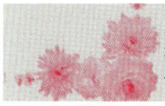
진리는 새와 같기 때문에 날개 하나로는 날 수 없다. 그러나 우리는 너무나 어리석게도 한쪽 날개를 아래로 쑤셔박은 채 다른 한쪽 날개를 미친 듯이 퍼덕이며 날아보려고 애쓴다.

도덕적 이중성

사람들의 성격이나 행위가 균형을 잃고 한쪽으로 치우치는 경향이 있다는 지적은 흔히 들을 수 있는 이야기로, 우리에게 유용한 충고가 된다. 종교 사상가들은 이런 불균형을 인식하고 나름대로 처방을 내렸다. 공자는 '중용'을 가르쳤고, 석가는 그의 제자들에게 금욕주의와 육신적 안락을 모두 피하라고 가르쳤다. 아리스토텔레스는 '지나침'과 '부족함' 사이에서 완벽한 균형을 잡는 것이 덕스러운 생활이라고 믿었다.

인간 실존(實存)의 문제들을 날카롭게 인식하는 기독교도 역시 이런 도덕적 불균형의 문제를 외면하지 않는다. 그러나 기독교가 내리는 처방은 '새 철학'이 아니라 '새 생명'이다. 기독교의 이상(理想)은 완전한 철학에 입각하여 완전한 길로 걸어가는 것이 아니라, '마음을 새롭게 함으로 변화를 받아 그리스도의 형상을 닮는 것'이다.

중생한 사람은 그렇지 못한 사람보다 종종 더 곤고하다. 왜냐하면 그는 한 사람이 아니라 두 사람이기 때문이다. 그는 그를 하나님과 거룩함으로 끌고 가려는 힘과 그를 죄로 끌고 가려는 힘이 자기 안에 병존(倂存)한다는 것을 느낀다. 그는 하나님의 자녀이지만, 여전히 육신적으로는 아담의 자녀요, 흙의 아들이다. 이런 도덕적 이중성은 거듭나지 못한 사람들이 결코 알 수 없는 심리적 갈등과 고통의 원인이다. 사도 바울은 로마서 7장에서 이런 갈등과 고통을 아주 완벽한 형태로 고백하고 있다.

참그리스도인은 '아직 완전한 상태에 이르지 못한 성인(聖人)'이다. 하늘의 유전자가 그의 안에 있다. 성령님은 그에게 생명을 주신 하늘 아버지의 성품을 닮은 사람으로 그를 성장시키려고 활동하신다. 그러나 그는 죽을 수밖에 없는 인간의 몸을 입고 있으며, 따라서 연약함과 유혹에 빠질 수 있다. 그리하여 육신과 싸우는 그의 전투는 때때로 그로 하여금 극단적인 것들을 행하도록 만들기도 한다.

"육체의 소욕은 성령을 거스리고 성령의 소욕은 육체를 거스리나니 이 둘이 서로 대적함으로 너희의 원하는 것을 하지 못하게 하려 함이니라"(갈 5:17).

신자의 마음속에서 일어나는 성령님의 활동은 무의식적이거나 자동적인 것이 아니다. 인간의 지성과 의지가 하나님의 자애로운 뜻에 순종하여 협력해야 한다. 바로 여기에서 대부분의 사람들이 잘못된 길로 들어선다고 나는 믿는다. 그들은 양극단 중의 하나에 빠지고 만다. 어떤 이들은 신자가 거룩하게 되는 것이 마땅하다는 생각에서 자신의 노력으로 거룩하게 되려다가 비참하게 실패한다. 또 어떤 이들은 영적으로 완전히 수동적인 상태로 자신을 몰아넣는다. 다시 말해서, 울새가 알을 까고 나오거나 장미가 꽃을 피우기를 가만히 앉아서 기다리듯이, 하나님이 우리의 성품을 온전히 거룩하게 하시기를 뒷짐 지고 기다린다. 우리는 불가능한 것을 이루려고 애쓰거나 아무것도 하지 않고 가만히 있다. 이것이 바로 내가 언급한 불균형이다.

우리의 도덕적 반응이 없으면 성령님이 우리 안에서 활동하지 않으신다고 신약성경은 가르친다. 영적으로 깨어서 기도하고 자기 절제의 훈련을 하고 하나님의 목적들을 인정하여 받아들여라. 그렇지 않으면 영적인 발전은 없다.

영적인 기형(畸形)의 상태

거룩하게 되려고 노력하다가 오히려 잘못된 길로 가서 결국 영적인 기형의 상태에 이르게 되는 경우들이 우리 삶에서 일어날 수 있다. 이 문제에 대하여 몇 가지를 구체적으로 살펴보자.

첫째, 우리는 담대해지려다가 지나쳐서 뻔뻔스럽게 될 수 있다.

용기와 온유는 서로 대립되는 개념이다. 그리스도에게 이 두 가지는 완벽하게 조화를 이루었다. 그분이 그분의 적들과 대립할 때, 이 두 가지가 적절히 균형을 이루어 나타났다. 베드로는 산헤드린 앞에서, 바울은 아그립바 왕(행 25:13-26:32 참조) 앞에서 이 두 가지 성품을 잘 보여주었다. 다만 바울은 어떤 경우에는 담대함이 지나쳐서 온유함을 잃고 대제사장에게 "회칠한 담이여 하나님이 너를 치시리로다"(행 23:3)라고 말했다. 그러나 자신이 한 일을 깨달았을 때 즉시 사과함으로써 자신의 신앙적 성숙함을 나타냈다(행 23:1-5 참조).

둘째, 우리는 솔직해지려고 노력하다가 그것이 지나쳐 예의에 어긋날 수 있다.

솔직하면서도 무례하지 않은 균형이 인간 예수 그리스도 안에서 언제나 발견되었다. 자신은 언제나 숨김없이 솔직하게 다 말해버리는 성격이라고 자랑하는 그리스도인은 굳이 말하지 않아도 되는 것을 다 말해서 사람들에게 상처를 주는 경향이 있다. 심지어 불같은 성격의 베드로도 사랑이란 자신이 알고 있는 모든 것을 다 말해버리지는 않는다는 것을 배웠다(벧전 4:8 참조).

셋째, 깨어 있는 것은 좋지만 그것이 지나쳐 의심하는 버릇에 빠질 수 있다.

우리의 주변에는 적(敵)들이 너무나 많기 때문에 우리는 적이 존재하지도 않는데 그 적을 찾아내려는 습관에 빠지는 경향이 있다. 오류와 싸우다보니 우리는 우리와 견해가 다른 사람들이라면 누구에게나 적의를 품는 경향이 있다. 사탄은 우리가 잘못된 길로 들어서서 이단을 좇는 것을 아주 좋아한다. 그러나 우리로 하여금 이단에 빠지도록 유혹하다가 실패할 때 사탄은 우리가 우리와 견해가 다른 사람들에게 분노하도록 부추긴다. 전자의 경우와 후자의 경우 모두 그가 우리를 이기는 것이다.

넷째, 진지해지는 것은 좋지만 그것이 지나쳐 우울해질 수 있다.

성도들은 언제나 진지하다. 그러나 그것이 지나쳐 침울해지는 것은 바람직하지 않다. 왜냐하면 그것이 경건이 아니기 때문이다. 신자가 우울하다는 것은 그에게 죄가 있거나 신앙이 없다는 표시일 수 있다. 이런 상태가 오래 지속되면 그는 심각한 정신적 혼란에 빠질 수 있다. 기쁨은 마음의 병을 치료하는 명약이다.

"주 안에서 항상 기뻐하라"(빌 4:4).

다섯째, 양심적인 사람이 되려고 노력하는 것은 좋지만 양심의 문제에서 지나치게 예민해질 수 있다.

우선 사탄은 신자의 양심을 파괴하여 비양심적으로 행동하도록 만들려고 시도한다. 그러나 이런 시도에 실패할 때 그는 반대적인 전술을 써서 신자의 양심을 병들게 만든다. 이것은 신자가 양심적으로 너무 예민해지게 만드는 것이다. 내가 아는 어떤 그리스도인들은 자기들이 하나님을 불쾌하게 만들까봐 두려워하기 때문에 늘 고민과 스트레스 속에서 살아간다. 해가 거듭될수록 그들은 신앙적으로 허용될 수 있는 행동들의 수(數)를 줄여나간다. 그리하여 그들은 결국 일상적인 일들을 수행하는 것조차 두려워한다. 그러면서 그들은 이렇게 스스로를 고문(拷問)하는 것을 '경건의 증거'라고 착각한다. 얼마나 잘못된 사람들인가!

이제까지 그리스도인의 삶에서 나타날 수 있는 심각한 불균형들을 살펴보았다. 다음으로 성경 이해의 불균형 문제를 살펴보도록 하자.

진리에는 두 날개가 있다

진리는 새와 같기 때문에 날개 하나로는 날 수 없다. 그러나 우리는 너무나 어리석게도 한쪽 날개를 아래로 쑤셔박은 채 다른 한쪽 날개를 미친 듯이 퍼덕이며 날아보려고 애쓴다.

캠벨 모건(G. Campbell Morgan, 런던의 웨스트민스터 교회에서 목회했던 그는 강해 설교의 대가로서 마틴 로이드 존스의 선임자이다 - 역자 주) 박사는 이렇게 말했다.

"진리는 무엇인가? '성경의 이 본문에 이렇게 기록되어 있으므로 이것이 진리이다' 라고 말하는 사람은 진리의 반쪽만을 아는 사람이다. '성경의 이 본문에 이렇게 기록되어 있고, 성경의 저 본문에는 저렇게 기록되어 있다' 라고 말하는 사람이 진리를 온전히 아는 것이다."

서로 관련이 있는 성경의 이 본문과 저 본문을 모두 고려해야 균형 잡힌 성경 해석에 도달할 수 있다. 두 본문이 서로를 보충하면서 균형을 잡아주어야 한다. 마치 새가 오른쪽 날개와 왼쪽 날개를 모두 퍼덕여야 균형이 잡혀서 날 수 있는 것과 같은 이치이다. 교파들 간에 벌어지는 교리적인 논쟁들의 대부분은 진리의 한쪽 날개만을 주장하는 맹목적인 완고함 때문에 생긴다. 논쟁의 당사자들은 성경의 어느 한 본문에만 집착하면서 다른 본문의 의미를 인정하려고 하지 않는다. 이런 잘못은 교회들이 범할 수 있는 악(惡)이다. 그런데 문제는 이런 잘못이 개인들에게서도 나타난다는 점이다. 이런 잘못이 그리스도인의 경건 생활에까지 파고들어가 영향을 끼치기 시작할 때 비극은 시작된다.

왜곡된 그리스도인들은 자기가 좋아하는 성경 본문들을 필요 이상으로 강조한다. 그렇게 하다 보니 관련된 다른 본문들은 상대적으로 과소평가될 수밖에 없고, 결과적으로 그런 그리스도인들의 삶은 균형을 잃고 한쪽으로 치우치게 된다. 왜냐하면 진리를 부정(否定)하는 것뿐만 아니라 진리를 충분히 강조하지 않는 것도 결국 진리로 하여금 힘을 잃게 만들기 때문이다. 이런 잘못을 범하는 그리스도인들은 이론적으로는 진리를 믿지만 실제 생활에서는 그 진리를 소홀히 한다. 그러므로 그런 사람들에게 있어서 진리는 사실상 힘을 잃고 마는 것이다. 사용되지 않는 진리는 마치 사용되지 않는 근육처럼 쓸모없는 것이 되고 만다.

종종 우리는 서로 관련이 있는 성경의 두 본문들 중 한 본문만을 독단적으로 고집하고 다른 본문에 대해서는 듣는 것조차 싫어한다. 이럴 때 우리는 '실질적 이단'이 되는 것이다. 교리적으로는 이단이 아니기 때문에 신학자들의 반발을 불러일으키지는 않겠지만, 실질적으로는 기독교의 변종(變種)이 되는 것이다.

죄를 고백할 필요가 없다?

죄의 고백 문제에 대하여 종종 다음과 같은 논리를 펴는 사람들이 있다.

"그리스도께서는 우리가 이제까지 범한 모든 죄들뿐만 아니라, 우리가 앞으로 남은 여생 동안 범할 모든 죄들 때문에 돌아가셨다. 우리가 그리스도를 구주로 영접할 때, 그분이 우리를 위하여 죽음과 부활을 통하여 이루신 모든 것이 우리의 것이 된다. 그리스도 안에서 모든 죄가 이미 용서되었기 때문에 우리는 더 이상 죄를 고백할 필요가 없다."

이런 생각은 절반은 맞지만 절반은 틀리다. 그리스도께서 우리의 '모든' 죄들을 위하여 죽으신 것은 사실이지만, 그렇다고 해서 우리의 죄를 고백할 필요가 없다는 것은 잘못된 주장이다. 다시 말해서, 그리스도께서 우리의 '모든' 죄들을 위하여 죽으셨다는 전제에서 우리가 죄를 고백할 필요가 없다는 결론을 이끌어내는 것은 잘못된 논리이다.

성경에는 그리스도께서 우리의 죄를 위하여 죽으셨다고 말하는 본문도 있지만, "만일 우리가 우리 죄를 자백하면 저는 미쁘시고 의로우사 우리 죄를 사하시며 모든 불의에서 우리를 깨끗케 하실 것이요"(요일 1:9)라고 말하는 본문도 있다. 이 두 본문은 모두 동일한 사람들, 즉 그리스도인들을 위하여 기록된 말씀이다. 전자의 본문만을 주장하기 위하여 후자의 본문을 버리면 안 된다. 전자와 후자는 모두 진리이며, 서로를 보충한다. 두 본문의 의미를 종합하면, "그리스도께서 우리의 죄를 위하여 돌아가셨으므로 우리가 우리의 죄를 자백하면 그 죄가 용서받을 것이다"라는 뜻이 된다. 이런 뜻이 아닌 다른 뜻으로 이 두 본문을 해석하는 것은 날개 하나로 날려고 애쓰는 것과 같다.

두 번 기도할 필요가 없다?

다른 예를 살펴보자. 나는 이렇게 말하는 사람들을 본 적이 있다.

"어떤 한 가지 기도 제목에 대하여 두 번 기도하는 것은 옳지 않다. 왜냐하면 우리가 진심으로 믿고 기도하였다면 그 한 번의 기도를 통하여 기도의 응답이 주어진 것이기 때문이다. 두 번 기도하는 사람은 믿음이 없는 것을 드러낼 뿐이다. 두 번 기도하지 말라."

이런 주장에는 세 가지 문제점이 숨어 있다.

첫째, 성경 전체의 가르침에 비추어볼 때 이런 주장은 성립될 수 없다.

둘째, 현실을 살펴볼 때 이런 주장은 성립되지 않는다. 아무리 믿음이 좋은 사람이라도 한 번 기도해서 응답받는 경우는 극히 드물다.

셋째, 이런 주장은 기도하는 사람들이 육신과 마귀에 대항하여 싸울 때 사용할 수 있는 가장 강력한 무기들 중 두 가지를 잃어버리게 만든다. 그 두 가지 무기는 바로 간구와 중보기도이다.

그러므로 우리는 "한 번 기도하고 마는 사람은 효과적인 중보기도를 할 수 없다. 또한 단 한 번 간구하고 승리를 얻는 사람은 없다"라고 단호하게 이렇게 말할 수 있다. 만일 다윗이 한 번 기도하고 응답받을 수 있다고 믿었다면, 그가 남긴 시편은 현재의 시편의 3분의 1 정도의 분량밖에 되지 않을 것이다. 만일 엘리야가 한 번 기도하고 응답받을 수 있다고 믿었다면, 일곱 번 기도하지 않았을 것이고, 따라서 비도 오지 않았을 것이다. 우리 주님도 "세 번째 동일한 말씀으로"(마 26:44) 기도하지 않으셨을 것이다. 사도 바울도 육체의 가시를 제거해 달라고 "세 번 주께"(고후 12:8) 간구하지 않았을 것이다.

만일 두 번 이상 기도할 필요가 없다는 사람들의 주장이 옳다면, 성경의 많은 훌륭한 기사(記事)들이 다시 씌어져야 할 것이다. 왜냐하면 성경의 많은 기사들은 기도의 응답을 받을 때까지 끈질기게 기도하라고 가르치기 때문이다.

두 번 이상 기도할 필요가 없다는 잘못된 주장들 속에는 무의식적인 영적 교만이 자리 잡고 있다. 자신의 죄가 이미 모두 용서받았으므로 더 이상 죄를 고백할 필요가 없다고 믿는 그리스도인은 선지자와 시편기자보다 자신을 높이는 것이다. 뿐만 아니라 그는 사도 바울부터 시작하여 현대에 이르기까지 자신들의 부끄러운 죄를 기록에 남기기를 주저하지 않은 많은 성도보다 자신을 높이는 것이다. 그들은 그럴듯한 논리 속에 자신들의 죄를 숨기지 않고 오히려 철저히 고백했다. 그렇게 했기 때문에 그들은 위대한 신앙인들이 된 것 같다. 반면 죄를 고백하지 않아도 된다고 주장한 사람들은 그런 잘못된 생각 때문에 위대한 신앙인이 되지 못한 것 같다.

기도를 두 번 이상 할 필요가 없다고 주장하는 사람들이 얼마나 교만한지를 알기 위해서 우리가 특별히 거창한 노력을 기울일 필요는 없다. 우리는 단지 우월감으로 가득한 그들의 미소를 보면 된다. 다른 그리스도인들이 하나님과 씨름하면서 힘들게 중보기도를 드리는 동안 그들은 여유 만만한 표정으로 뒤에 앉아 있다. 그들이 기도하지 않는 것은 이미 기도했기 때문이다. 그러나 마귀는 그들을 두려워하지 않는다. 왜냐하면 마귀는 이미 그들을 이겼기 때문이다. 마귀가 사용한 무기는 두 번 이상 기도할 필요가 없다는 그들의 잘못된 논리이다.

두 날개를 모두 사용하자. 그렇게 할 때 우리는 더 멀리 날 수 있다.

3부
진짜는 무엇을 믿는가?

THAT INCREDIBLE CHRISTIAN

A.W. TOZER

우리의 신앙이 견고한 기초를 갖고자 한다면 우리는 하나님이 우리의 온전한 신뢰의 대상이 될 수 있는 분이라는 것을 절대적으로 확신해야 한다. 이런 확신은 우리가 명목적으로 동의하는 우리 신조의 교리에 불과한 것이 아니다. 이런 확신은 우리 영혼의 가장 깊은 곳까지 파고들어야 한다.

15장

유한한 세상을 믿지 않고 영원한 하나님을 믿는다

> 약속이 갖는 효력은 그 약속을 한 존재가 얼마나 성실하게 그 약속을 지키느냐에 따라 결정된다. 하나님의 약속은 그분의 무한한 성실성 때문에 무한히 효력이 있다. 그러므로 우리는 확신 가운데 안심할 수 있다.

영혼 깊은 곳까지 파고든 확신

우리의 신앙이 견고한 기초를 갖고자 한다면 우리는 하나님이 우리의 온전한 신뢰의 대상이 될 수 있는 분이라는 것을 절대적으로 확신해야 한다. 이런 확신은 우리가 명목상 동의하는 우리 신조의 교리에 불과한 것이 아니다. 이런 확신은 우리 영혼의 가장 깊은 곳까지 파고들어야 한다. 다시 말해서, 이런 확신은 우리의 모든 외형적인 것들을 관통하여 우리의 존재를 구성하고 있는 영원한 실체, 즉 과거에 하나님의 형상으로 창조된 저 거룩한 실체에까지 파고들어야 한다. '하나님의 방법이 과연 지혜로운 것인가?' 라고 의심한다면 우리의 신앙은 여전히 불확실하고 시험적인 단계에 머물러 있는 것이다. 이 단계는 우리가 알기는 하지만 완전히 믿는 것은 아닌 단계이다. 하나님의 약속의 말씀을 뒷받침해주는 증거가 없을 때 믿는 것이 신앙이다. 그러므로 약속을 주신 분의 진실성을 무조건 믿어야 한다.

우리 주님은 십자가의 고통을 참아내심으로써 '증거를 요구하지 않는 신앙'이 어떤 것인지를 보여주셨다. 십자가에서 그분은 거부당하고 버림받으셨다. 십자가에서 그분은 큰 고통과 무한한 연약함 가운데 '어찌하여 내가 이런 고통을 당해야 하는가?'라고 의심하고 싶은 유혹을 강하게 받으셨을 것이다. 그러나 그분의 믿음은 하나님의 거룩하심에서 안식을 얻었다. 시편기자는 "이스라엘의 찬송 중에 거하시는 주여 주는 거룩하시니이다"(시 22:3)라고 말한다.

온 세상이 하나님을 불신하는 말을 쏟아내고 모든 감각적인 증거들은 그분의 선하심과 사랑을 부정하는 모양으로 나타났지만, 그리스도는 하나님이 거룩하시다는 것을 아셨다. 다시 말해서, 그리스도는 하나님이 실수나 실패를 할 수 없는 분이라는 것을 믿으셨기 때문에 하나님이 고통에서 건져주실 때까지 견디셨다. 이것이야말로 가장 완전한 믿음의 표현이다. 이 믿음에 비교하면, 하늘에서 불이 떨어지게 만들거나 태양을 멈추게 만드는 믿음은 초보적인 수준의 믿음이다.

신앙은 탁월한 사람들에게서만 발견되는 고상한 능력이 아니라는 것을 우리는 기억해야 한다. 신앙은 제한된 소수의 사람들만이 소유할 수 있는 덕(德)이 아니다. 신앙은 검은 것은 희다고 믿도록 우리 자신을 설득할 수 있는 능력이 아니다. 그것은 우리가 정말로 간절히 원하면 우리의 소원이 이루어질 것이라고 믿도록 스스로를 세뇌시키는 능력이 아니다. 신앙은 우리의 마음을 진리와 일치시키는 것이다. 신앙은 온 땅을 지배하시는 하나님이 거짓말을 하실 수 없다는 것을 온전히 믿으면서 그분의 약속을 신뢰하는 것이다. 우리는 산을 보면서 "저것은 산이다"라고 말한다. 이렇게 말하는 것이 무슨 특별한 덕(德)이 아니다. 이것은 우리 앞에 있는 사실을 받아들이고 우리의 믿음을 그 사실과 일치시키는 것이다. 우리가 믿음으로써 그 산을 만들어내는 것도 아니고, 부정(否定)함으로써 그것을 없애버리는 것도 아니다. 하나님의 진리도 이와 마찬가지이다. 우리가 믿든 믿지 않든 하나님의 말씀은 진리이다. 우리가 믿지 않는다고 해서 하나님의 진리가 거짓이 되는 것이 아니다. 믿음이 있는 사람은 하나님의 약속을 산(山)만큼 견고한 사실로, 아니 산보다 무한히 오랫동안 변치 않는 사실로 받아들인다.

신앙은 주관적이지만, 오직 객관적 실재와 일치할 때 참된 신앙이 된다. 산이 존재한다고 믿는 사람의 믿음이 참될 수 있는 것은 오직 산이 거기에 있기 때문이다. 만일 산이 존재하지 않는다면 그 믿음은 망상에 불과하며, 이 사람을 해로운 망상에서 깨어나게 하기 위해서 즉시 그 허구성이 폭로되어야 한다. 하나님은 자신의 본래의 모습 그대로 존재하신다. 하나님은 우리가 믿는 대로 바뀌지 않으신다. 그분은 "나는 스스로 있는 자니라"(출 3:14)라고 말씀하신다. 하나님이 어떤 분인지를 정확하게 알고 우리의 모든 것을 그 거룩한 지식에 조화되도록 변화시킬 때 우리는 견고한 반석 위에 서는 것이다.

지식에 기초한 참신앙

참신앙은 하나님에 대한 우리의 지식에 기초하기 때문에 우리의 이해력이 허락하는 한 그분이 어떤 분인지를 많이 아는 것이 중요하다.

"여호와여 주의 이름을 아는 자는 주를 의지하오리니"(시 9:10).

하나님의 이름은 그분의 성품을 말로 나타낸 것이다. 따라서 믿음은 그분의 성품에 대한 우리의 지식에 근거할 수밖에 없다. 방금 인용한 시(詩)에서 시편기자는 하나님을 제대로 이해한 사람들이 그분을 신뢰하게 될 것이라고 단언한다. 다시 말하지만, 이런 신뢰는 무슨 특별한 덕(德)이 아니다. 누구든지 진리(사실)

를 알게 되면 그런 신뢰를 가질 수밖에 없다. 우리는 선한 존재를 신뢰하고 악한 존재를 신뢰하지 않도록 만들어졌다. 그러므로 불신앙은 참으로 악한 것이라고 말하지 않을 수 없다.

"하나님을 믿지 아니하는 자는 하나님을 거짓말 하는 자로 만드나니"(요일 5:10).

하나님의 성품은 그리스도인의 확신의 궁극적 근거이다. 그리스도인은 하나님의 성품에 의지하여 자신의 영적 문제들을 많이(대부분은 아니라 할지라도) 해결할 수 있다. 어떤 사람들은 하나님이 성경 시대에는 기도에 응답하셨지만, 오늘날에는 그렇게 하지 않으신다고 믿는다. 또 어떤 사람들은 과거의 기적들이 이제는 되풀이될 수 없다고 믿는다. 이런 사람들은 하나님이 그 자신에 대해서 계시하신 모든 것을 거의 부정하거나 무시하는 것이다. 우리는 하나님이 언제나 하나님의 성품에 맞게 행동하신다는 것을 기억해야 한다. 이 방대한 우주의 어느 곳에서든지 하나님은 자신의 무한한 완전성에 어긋나게 행동하신 적이 없다. 이것을 아는 지식이 하나님의 원수들에게는 경고가 되어야 하며, 하나님의 친구들에게는 무한한 위로가 아닐 수 없다. 하나님이 영원한 신비의 중심에 거하시는 것은 사실이지만, 하나님이 어떤 상황에서 어떻게 행하실 것인지를 전혀 알 수 없는 것은 아니다. 왜냐하면 하나님은 자신의 약속에 따라 행하시기 때문이다. 하나님의 약속은 오류가 있을 수 없는 정확한 예언과 같다. 하나님은 자신이 제시하신 조건이 충족되면 언제나 약속을 이루시는 분이시다. 반면 하나님의 경고도 오류가 있을 수 없는 정확한 예언이다.

"그러므로 악인이 심판을 견디지 못하며 죄인이 의인의 회중에 들지 못하리로다"(시 1:5).

이제까지 말한 모든 것에 비추어볼 때, 성경에 기록된 하나님의 약속들을 믿으려고 억지로 애를 쓰는 것이 믿음을 갖는 방법은 아니다. 약속이 갖는 효력은 그 약속을 한 존재가 얼마나 성실하게 그 약속을 지키느냐에 따라 결정된다. 하나님의 약속은 그분의 무한한 성실성 때문에 무한히 효력이 있다. 그러므로 우리는 확신 가운데 안심할 수 있다. 하나님을 더 정확히, 더 많이 알게 되면 그만큼 더 많은 믿음이 생긴다. 그러나 이렇게 하는 중에 우리는 우리의 믿음을 바라봐서는 안 되고, '믿음의 주(主)요 온전케 하시는' 그리스도를 보아야 한다. 우리 영혼의 눈은 우리 안을 향해서는 안 되고, 밖으로 나가서 하나님을 향해야 한다. 이렇게 할 때 우리의 영혼은 건강할 수 있다.

인간과 하나님의 관계

인간에게 가장 필요한 것은 두말할 필요 없이 하나님을 체험하는 것이다. 그 이유는 무엇인가? 이것이 궁금한 사람은 "하나님이 어떤 분이신가? 인간은 누구이고 어떤 존재인가?"를 깊이 생각해보아야 한다.

하나님은 자신을 의식(意識)하는 지성적(知性的) 생명을 지닌 존재이며, 인간은 하나님의 형상대로 창조되었다. 하나님은 사랑이시며, 인간은 하나님을 위하여 지음 받았다. 하나님과 인간은 함께 존재하며, 상대방이 없으면 만족할 수 없다. 하나님이 스스로 완전한 분이신 것은 사실이지만, 그분은 그분이 자신 다음으로 영광스러운 존재로 지으신 인간과 교제를 갖기를 원하셨다. 그분은 자신과 인간 사이의 교제가 강제적으로, 기계적으로 이루어지지 않도록 모든 수단을 강구하신다. 왜냐하면 그렇게 된다면 그것은 인간의 자유의지를 침해하는 것이기 때문이다. 만일 하나님이 억지로 우리의 의지를 꺾으신다면 그것은 그분이 자신의 의지를 우리에게 강요하는 것이 될 것이며, 그렇게 될 때 우리는 그분이 본래 자신을 위하여 지으신 그런 '인간' 이라는 존재가 되지 못할 것이다.

인간의 타락 이전에 에덴동산에서 나타난 인간과 하나님의 최초의 관계는 서로 마음을 열고 깊은 교제를 나누는 관계였다. 하나님께서 인간이 에덴동산에서 어떻게 살아야 하는지를 설명하면서 몇 가지 쉬운 규칙들을 정해주실 때 아담이 경청했다. 이 장면은 평안과 안식이 넘치는 아름다운 장면이다.

그러나 인간과 하나님의 교제가 언제까지나 지속된 것은 아니었다. 아담은 하나님의 속성을 닮은 자신의 속성, 즉 그의 자유의지를 잘못 사용하였다. 그의 자유의지가 강제로 시킨 것은 아니었지만, 그는 하나님의 뜻에 어긋나는 방향으로 자신의 의지를 사용하였다. 그리하여 죄가 들어왔고, 하나님과 인간 사이의 아름다운 교제는 깨어졌다.

우리 인간의 관점에서 보자면, 구속이 하나님의 모든 행동들 가운데 제일 중요한 것이 되어야 한다. 하나님의 역사(役事)들 중에서 가장 방대하고 정확한 지식, 가장 완벽한 지혜, 가장 높은 수준의 도덕적 능력을 요구하는 것이 바로 구속이었다. 인간과 하나님 사이의 교제를 회복하기 위해서 하나님은 공의(公義)와 의(義)의 문제를 완벽하게 해결하셔야 한다. 다시 말해서, 하나님은 죄를 제거하고, 원수와 화해하고, 반항하는 자로 하여금 자발적으로 순종하도록 만드셔야 한다. 그런데 이렇게 하시되 자신의 거룩함을 손상하지 않으면서 그리고 인류를 강제로 움직이지 않으면서 하셔야 한다.

하나님이 해결해야 하셨던 문제는 서로 적대 관계에 있는 두 자유의지를 조화시키는 것이었다. 이 문제는 오직 하나님만이 해결하실 수 있는 문제이다. 무한한 지혜와 능력을 가지신 하나님은 우리 주 예수 그리스도의 구속 사역을 통하여 문제를 해결하셨다. 예수 그리스도는 하나님이시며 사람이시기 때문에 인간에 대해서는 하나님을 대신하고, 하나님에 대해서는 인간을 대신하실 수 있다. 예수 그리스도는 인간의 죄로 말미암아 상처를 받으신 하나님과 하나님에게서 소외된 인간 사이에 서서 양쪽의 손을 잡을 수 있는 중재자이시다.

"하나님은 한 분이시요 또 하나님과 사람 사이에 중보도 한 분이시니 곧 사람이신 그리스도 예수라"(딤전 2:5).

하나님과의 인격적 교제에 대한 무지

독자들의 대다수는 우리에게 친숙한 일부 복음주의적 신학에 대해 잘 알고 있을 것이다. 그러나 문제는 그들이 이것을 단지 이론적으로만 알고 있다는 것이다. 이 진리를 체험적으로 아는 사람들이 그들 중 얼마나 되겠는가? 안타깝게도, 건전한 그리스도인으로 추정되는 많은 사람들이 하나님과의 인격적인 교제에 대하여 아무것도 알지 못한다. 이것이 바로 오늘날의 기독교의 약점들 중의 하나이다.

하나님을 체험적으로 아는 것이 영생이다(요 17:3 참조). 인격적 교제를 통하여 그분을 많이 알면 알수록, 그만큼 더 크고 충만한 생명을 누리게 된다. 하나님을 내적으로 아는 이 지식이 너무 귀한 보물이기 때문에 다른 보물들은 이것에 비교하면 아무것도 아닌 것으로 보일 것이다. 다른 모든 것들을 희생함으로써 우리 주 예수 그리스도 안에서 하나님을 더 온전히 알 수만 있다면 우리는 기꺼이 그것들을 희생할 것이다. 이것이 바로 사도 바울의 간증이요(빌 3:7-14 참조), 기독교 역사상 그리스도를 따르면서 모든 것을 희생한 위대한 신앙인들의 간증이다.

하나님을 알기 위해서 우리는 하나님을 닮아야 한다. 왜냐하면 완전히 다른 두 존재는 서로 조화를 이루거나 교제를 나눌 수 없기 때문이다. 그러므로 우리는 우리의 성품이 하나님의 성품을 닮도록 모든 은혜의 방편들을 사용해야 한다.

미구엘 드 몰리노스[Miguel de Molinos, 1640~1697. 스페인의 '정적주의'(靜寂主義) 신앙의 창시자 - 역자 주]는 이렇게 말했다.

"당신의 영혼이 하나님이 거하시는 곳이요, 하나님의 왕국이라는 것을 당신은 알아야 한다. 그러므로 주권자 하나님이 자신의 보좌에서 끝까지 쉬시도록 하기 위하여 당신은 열심히 노력하여 당신의 영혼을 순수하고 고요하고 평화롭고 텅 비게 만들어야 한다. 즉, 당신은 죄와 결점이 없이 순수하고, 두려움 없이 고요하고, 유혹과 환난 중에도 평화롭고, 집착과 욕망과 번뇌에서 벗어나 텅 비게 유지해야 한다. 하나님의 성전(聖殿)인 당신을 순수하게 유지하려면 당신은 언제나 마음의 평안을 유지해야 한다. 하나님이 자신의 기쁘신 뜻에 따라 당신에게 어떤 일이 일어나도록 허락하시든지 간에, 당신은 조금도 마음의 평안을 잃지 말고 올바르고 순수한 의도를 가지고 일하고 기도하고 순종하고 고난당해야 한다."

하나님을 더 깊이 알기 위해서 우리는 현대의 복음주의자들이 아무 근거 없이 되는 대로 설정해놓은 목표에 머물지 말고 그 이상으로 올라가야 한다. 우리는 오직 하나님만 바라보아야 한다. 우리는 생기를 잃은 현대 기독교의 평균적 수준을 벗어나서 의도적으로 더 높이 비상(飛上)해야 한다. 우리가 이렇게 할 때 사탄은 틀림없이 우리가 영적으로 교만하다고 비난하면서 우리를 시험에 빠뜨리려고 애쓸 것이며, 우리의 친구들은 우리에게 "거룩한 체하지 말라"라고 충고할 것이다. 그러나 이스라엘 민족은 적(敵)이 굳게 결심하고 저항하는 중에도 맹렬한 공격을 통해서 약속의 땅 가나안을 빼앗았다. 이와 마찬가지로, 우리도 마귀의 사악하고 맹렬한 저항을 이겨내고 새로운 높은 영적 단계로 올라가야 한다. 그리스도를 아는 지식이 더 깊어질수록 우리는 여러 가지 면에서 사탄의 공격에 노출될 수밖에 없다. 그렇다고 해서 전진하지 않고 가만히 있어야 하는가? 결코 그럴 수 없다. 왜냐하면 영적으로 자기만족에 빠져 전진하지 않는 것은 전진하는 과정에서 부딪힐 수 있는 사탄의 어떤 공격보다도 더 치명적이기 때문이다. 시험을 피하기 위해 가만히 앉아 있으면, 더 큰 시험에 빠지게 되며, 결국 아무것도 얻지 못하게 된다.

"너희가 이 산에 거한 지 오래니 … 땅이 너희 앞에 있으니 들어가서 얻을지니라"(신 1:6,8).

하나님을 아는 방법

'하늘의 것들'에 대해서 말하려고 하는 사람들은 '땅의 것들'을 사용하여 자신의 생각을 표현할 수밖에 없다.

심지어 성경도 독자들에게 영원한 것들을 이해시키기 위해서 이 세상의 언어를 사용한다. 성경은 전능하신 하나님이 어떤 분인지를 보여주기 위해서 새, 왕(王), 양(羊), 군인 등을 동원하여 자신의 사상을 표현한다. 우리가 물질적인 것과 영적인 것 사이에 놓여 있는 깊은 심연을 뛰어넘도록 돕기 위해서 성령님은 포도와 백합, 금(金)과 그루터기, 옥수수와 소떼, 비(雨)와 별들을 사용하신다.

그러나 우리에게 익숙한 이 세상의 것들을 비유로 사용하여 종교적 사상을 표현하는 일이 자꾸 반복된다면 어떤 결과가 생기겠는가? 그 경우 우리의 신학이 근본적으로 변하지는 않겠지만, 그래도 우리의 신학 이해에 미묘한 변화가 생길 것이다. 우리는 영적인 것들을 이해하기 위해서 그것들을 자연적인 것들과 비교하여 이야기한다. 이런 일이 반복되면 우리도 모르는 사이에 영적인 것들과 물질적인 것들이 동일시되고, 결국 영적인 것들의 본래 의미가 크게 오해되는 부작용을 낳을 수 있다.

기독교 교사들은 신앙적 이해가 초기 단계에 머물러 있는 교회 사람들이 영적인 진리를 좀 더 쉽게 이해하도록 돕기 위해서 비유와 풍유(諷諭, allegory)를 사용하는 경향이 있다. 그러나 언제까지나 비유와 풍유를 사용하여 그들을 이해시키는 것은 부작용을 낳을 수도 있다. 그러므로 사려 깊은 그리스도인 교사의 과업들 중 하나는 비유와 풍유를 사용하지 않고 그들을 이해시키는 것이다. 비유는 보석을 담고 있는 상자와 같다. 언제까지나 비유만 사용하면 사람들은 상자를 보석으로 착각하여 상자로 만족하고 더 이상 보석을 찾지 않을 것이다.

기독교는 마음의 종교이다. 기독교는 인간을 둘러싸고 있는 껍질을 보지 않고 그 안에 있는 인간을 본다. 복음은 인간의 내면으로 깊숙이 파고들어서 인간의 보편적 본질을 찾아낸다. 인간의 피부가 희든 검든 붉든 간에 상관하지 않는다. 풀로 만든 오두막에 사는 석기 시대의 인간이든, 에어컨 장치가 되어 있는 사무실에서 일하는 문명사회의 인간이든, 인간의 내면은 동일하다. 성령님은 바로 이 인간을 계속 찾으신다.

영적인 진리를 자연적인 것들에 비유하여 이해하는 데 익숙해진 사람은 하나님을 좀 더 깊이 이해하는 데 어려움을 겪을 수 있다. 본래 독자의 이해를 돕기 위해 제공되는 삽화도 너무 자주 사용되고 화가의 붓에 의해서 객관화되면 오히려 독자의 이해를 한정하거나 방해할 수 있다.

우리 영혼 안에서 직접 역사하시는 하나님

우리가 익히 아는 예를 들면 지금 내가 하고자 하는 말의 의미가 좀 더 쉽게 전달될 것 같기에 예를 들겠다. 이 세상에서 가장 아름다운 시(詩)에서 시편기자 다윗은 우리에게 그리스도를 '목자'라고 생각하도록 가르친다. 주 예수님은 다윗의 개념을 이어받아 자신을 가리켜 "양들을 위하여 목숨을 내어놓는 목자"라고 표현하신다. 화가들도 이 개념을 받아들여 예수님을 목자로 그렸으며, 그들의 그림이 사람들의 마음에 깊이 새겨져 있다. 그 결과, 주님이 다시 오실 때 많은 사람들은 그분에게 지팡이와 털이 많은 어린양이 없는 것을 보고 속으로 은근히 실망할지도 모를 일이다.

우리의 이해를 돕고 상상력을 자극하고 시와 음악으로 감동을 주기 위한 것이 결과적으로 우리의 무지 때문에 그리스도에 대한 정확한 이해를 방해할 수도 있다. 더 나아가, 비유를 잘못

이해하면 완전히 잘못된 개념에 이를 수도 있다. 우리가 주님을 마음속에 그려보려고 애쓸 때 우리의 머릿속에는 근동 지방의 이상화(理想化)된 목자만 떠오를 것이다. 그런데 내가 확신하건대, 이런 이미지는 심지어 바울이나 요한도 이해하지 못할 것이다. 바울은 그리스도를 더 이상 육체를 따라서 알지 않는다고 단언했다. 양과 목자에 관한 그분의 말씀을 기록한 요한 자신도 그분의 현재 모습을 보았을 때 그분의 발 앞에 엎드러져 '죽은 자' 같이 되었다.

언제나 교회는 이미지와 형상을 통하여 하나님을 이해하려는 유혹을 받아왔다. 그리고 교회가 실제 그렇게 했을 때 교회는 '형식 존중주의'와 영적 쇠퇴에 빠졌다. 성령의 감동으로 씌어진 성경뿐만 아니라 몇몇 다른 위대한 기독교 서적들도 교회가 하나님을 좀 더 순수하게 바라볼 것을 촉구했다. 「영적 안내자」(Spiritual Guide)라는 책에서 미구엘 드 몰리노스는 "기도는 우리의 마음이 하나님을 찾아 올라가는 것이다. 하나님은 모든 피조물들보다 높으시다. 그러므로 우리의 영혼이 그것들보다 높이 올라가지 않으면 그분을 볼 수도 없고 그분과 대화할 수도 없다"라고 말했다.

저자 미상의 책 「무지(無知)의 구름」에 이런 글이 나온다.

"오직 하나님만 바라보라. 그렇게 할 때 당신의 지성(知性)과

의지에서 오직 하나님 한 분만 역사하실 것이다. 하나님만을 바라본다는 것은 그분이 만드신 모든 피조물들과 그들의 모든 활동들을 잊어버리는 것을 의미한다 … 피조물들에 신경 쓰지 말고, 오직 하나님만 바라보라. 그러면 그분이 지극히 기뻐하실 것이다."

기독교 역사상 경건과 학문을 겸비한 위대한 신학자들은 모두 하나님을 머릿속으로 그려보는 노력이 아무 열매도 맺지 못한다고 가르쳤다고 말해도 과언은 아니다. 몰리노스는 우리의 지성이 하나님을 머릿속으로 그려보려고 시도하는 것에 대해서 경고했다. 그는 "그리스도인은 자기의 머리로 이해하려는 시도를 중지하고 사랑으로 살아야 한다. 그리스도인은 자기의 지성이 이해하고 그려주는 하나님을 사랑하는 것이 아니라, 하나님을 '하나님 그대로' 사랑해야 한다"라고 말했다.

하나님이 우리의 영혼 안에서 직접 역사하실 때에야 비로소 우리가 하나님과 영적인 일들을 이해할 수 있다고 신약성경은 가르친다. 비유(比喩)와 유비(類比)가 신학적 지식을 이해하는 데 아무리 도움을 준다 할지라도, 하나님을 이해하는 데에는 그렇지 못하다. 우리는 하나님과의 인격적 관계 속에서 하나님을 영적으로 이해해야 한다. 물론 이렇게 되기 위해서는 성령님의 역사가 필수적이다(요 14:1-16:33 ; 고전 1:18-2:16 참조).

16장

하나님의 황홀한 임재를 믿는다

THAT INCREDIBLE CHRISTIAN

> 하나님을 최고로 사랑하는 사람은 하나님의 임재를 의식하기 때문에 황홀경에 빠질 수 있다. 예수님의 제자들은 예수님을 보았을 때 기뻐하지 않았는가?

임마누엘 되신 하나님

언제 어디서나 하나님은 하나님의 본질에 따라 행하신다. 그러므로 그분에게는 변덕스러움이나 회전하는 그림자가 없다. 그러나 하나님의 무한성은 우리의 지식의 한계를 벗어나기 때문에 평생을 하나님을 아는 데 바친 사람이라 할지라도 여전히 그분에 대하여 모르는 것이 많다. 마치 그 사람이 하나님에 대해 배우기 시작하기 전에 전혀 하나님에 대해 몰랐던 것처럼….

하나님은 무한한 지식과 완전한 지혜를 가지셨다. 그렇기 때문에 하나님은 우리의 '합리적' 인식의 한계를 넘어서 일하면서도, 비합리적으로가 아니라 합리적으로 일하실 수 있다. 우리는 천체의 움직임을 예측하듯이 그분의 행하심을 예측할 수는 없다. 하나님은 이 우주에서 자유롭게 행하시며, 그 행하심을 보고 우리는 늘 놀라게 된다. 하나님에 대한 우리의 지식은 철저히 한계가 있기 때문에 참으로 하나님을 만나는 체험에는 반드시 기쁨과 놀라움이 뒤따르게 마련이다. 우리의 기대치가 아무리 높다 할지라도 하나님이 결국 우리의 영적 인식 능력 안으로 들어오시면 우리는 우리의 영혼을 압도하고 사로잡는 하나님의 능력에 놀라게 된다. 언제나 하나님은 우리가 예상하는 것보다 놀라우시며, 우리가 상상했던 것보다 더욱 거룩하고 영광스러우시다.

한편으로 하나님의 행하심은 어느 정도 예측할 수 있는데, 왜냐하면 앞에서 언급했듯이 그분은 언제나 자신의 본질에 따라 행하시기 때문이다. 예를 들면 우리는 하나님이 사랑이시라는 것을 알기 때문에, 하나님의 모든 행동에는 사랑이 내재한다고 온전히 확신할 수 있다. 그 사랑은 회개하는 죄인을 구원하실 때나 회개하지 않는 세상을 멸망시킬 때나 모두 내재한다. 이런 식으로 우리는 하나님이 언제나 공정하고 성실하고 자비롭고 진실하시다고 확신할 수 있다.

인간의 경험의 한계를 벗어나는 저 먼 영역들에서 하나님이 어떻게 행하시는가에 많은 관심을 갖는 사람은 드물 것이다. 그러나 거의 모든 사람들은 '하나님이 우리의 입장에 처하신다면 어떻게 행하실까?'라는 의문을 품어보았을 것이다. 아마도 '하나님은 우리가 이렇게 악한 세상에 사는 것이 얼마나 어려운지를 모르실 것이다. 하나님이 잠시라도 우리 가운데 사신다면 어떻게 행하시고 무엇을 하실 것인가?'라고 생각해본 사람들이 많이 있을 것이다.

이런 생각을 갖는 것은 어떻게 보면 자연스러운 일이지만 실상 불필요한 일이다. 왜냐하면 하나님이 우리의 입장에 처한다면 어떻게 행하실지를 우리가 이미 알기 때문이다. 그분은 실제 우리 가운데 계셨다. 하나님이 인간의 몸을 입고 나타나신 것은 경건의 비밀이다. 그분의 이름은 "하나님이 우리와 함께 계시다"라는 뜻의 '임마누엘'이다.

예수님이 이 땅 위에서 행하실 때 그분은 '하나님처럼 행하시는 인간'이셨다. 그러나 똑같이 놀라운 사실은, 그분은 '인간 안에서 자신의 본질에 따라 행하시는 하나님'이셨다는 것이다.

"나를 본 자는 아버지를 보았거늘 어찌하여 아버지를 보이라 하느냐"(요 14:9).

이것은 참으로 영광스럽고 놀라운 사실이다. 그러나 거기에서 끝나는 것이 아니다. 하나님은 여전히 인간들 안에서 행하신다. 어디에서나 하나님은 자신의 본질에 따라 행하신다. 이 것은 시(詩)가 아니라 '인생'이라는 실험실에서 실험될 수 있는 명백한 사실이다.

참신자 안에 계시는 분

성경은 그리스도께서 중생한 신자의 본성 안에 실제로 거하신다는 사실을 때로는 분명히, 때로는 암묵적으로 언급하며, 때로는 당연하게 여긴다. 성경은 성부, 성자, 성령의 세 위격이 모두 신약의 진리를 믿음과 순종으로 받아들인 사람의 본성 안으로 들어가신다고 말한다.

"사람이 나를 사랑하면 내 말을 지키리니 내 아버지께서 저를 사랑하실 것이요 우리가 저에게 와서 거처를 저와 함께하리라"(요 14:23).

성령님이 신자 안에 거하신다는 교리는 너무나 잘 알려졌기 때문에 여기에서는 더 이상 그것에 관한 성경구절을 인용하지 않겠다. 하나님의 말씀을 아주 조금이라도 배운 사람은 이 교리를 잘 이해할 것이다.

인간 예수 그리스도는 모든 면에서 하나님이시다. 하나님이 '그리스도 안에서'(in Christ) 나타나셨을 뿐만 아니라, '그리스도로서'(as Christ) 나타나셨다는 것이 사도 시대부터 지금까지 교회의 확고한 믿음이다. 아리우스주의자들[성부 하나님과 성자 그리스도 사이의 '동질성'을 부인하고 '이질성'을 주장하는 아리우스(Arius, A.D. 250~336)의 이단적 교리를 따르는 사람들 - 역자 주]과 논쟁을 벌이면서 교부(教父)들은 이 문제에 관한 신약의 가르침을 고도로 압축하여 신조로 만들 필요성을 절박하게 느꼈다. 우리 모든 신자들은 이 신조를 최종적인 것으로 받아들여야 할 것이다. 교부들이 만든 신조는 이렇다.

"하나님의 아들 우리 주 예수 그리스도가 하나님이시며 인간이시라고 믿는 것이 올바른 믿음이다. 그리스도는 자신의 아버지의 본질을 갖고 모든 시대들 전에 태어나신 하나님이시며, 자신의 어머니의 본질을 갖고 이 세상에 태어나신 인간이시다. 그리스도는 완전한 하나님이시며 완전한 인간이시다 … 한 인간이 이성적(理性的) 영혼과 육체를 가지고 있듯이, 한 그리스도가 하나님이신 동시에 인간이시다."

신자의 마음속에 계신 그리스도는 갈릴리와 유대에서 행하셨던 것과 똑같이 행하실 것이다. 그때 그분은 거룩하고 의롭고 자비롭고 온유하고 겸손하셨다. 그분의 본질은 그때와 조금도 달라진 것이 없다. 어디에 계시든 그분은 동일하시다. 하나님의 우편에 계시든 참신자 안에 계시든 그분은 변하지 않으신다. 인간들 '중에서' 행하실 때 그분은 그들을 사랑하셨고, 그들의 친구가 되어주셨고, 기도를 많이 하셨고, 친절하셨고, 하나님을 경배하셨고, 자신을 희생하셨다. 이제 그분이 사람들 '안에서' 행하실 때 그분이 그때와 동일하게 행하실 것이라고 기대하는 것이 당연하지 않은가?

그렇다면 참그리스도인들이 때때로 그리스도인답지 않게 행동하는 것은 어찌된 일인가? 그리스도인이라고 고백하는 사람이 그의 삶에서 그리스도의 도덕적 아름다움을 보여주지 못할 때 어떤 사람들은 "그가 그리스도인이라고 스스로 착각하는 것이지, 실제로는 그리스도인이 아니다"라고 말한다. 그러나 이렇게 단순하게 판단하기에는 문제가 복잡하다.

그리스도가 신자의 새로운 본성 안에 거하시는 동안에도 그의 옛 본성은 강력한 힘으로 도전한다. 옛 본성과 새 본성 사이의 전투가 대부분의 신자들 안에서 늘 벌어진다. 어떤 신자들은 이 전투에서 싸우기를 포기하고 패배자의 삶을 살아간다. 그러나 신약성경은 그렇게 해서는 안 된다고 가르친다. 로마서 6-8장을 기도하면서 깊이 연구하면 승리의 길이 보일 것이다. 그리스도가 우리 안에서 완전한 통제권을 가지시도록 한다면, 그분은 과거에 갈릴리에서처럼 지금도 우리 안에서 행하실 것이다.

신적 내주의 교리

하나님이 우리 안에 거하신다는 교리, 즉 '신적 내주'(神的內住)의 교리는 신약성경에서 중요한 교리이다. 이것은 그리스도인 각자에게 말로 표현할 수 없을 만큼 귀중한 교리이다. 이것을 소홀히 하면 큰 손실을 당한다. 사도 바울은 그리스도께서 에베소 교인들의 마음속에 신앙을 통해 거하시기를 위해 기도했다. 이 큰 진리가 갖는 여러 가지 의미들을 이해하려면 보통 이상의 신앙이 요구되는 것은 사실이다.

이 교리를 이해하기에 어렵게 만드는 요인은 두 가지이다. 그 두 가지는 하나님의 위대하심과 완전히 부패한 인간의 죄성(罪性)이다. 하나님의 위대하심을 모르고 단지 자신을 높이 평가하는 사람들은 신적 내주에 대해 가볍게 잡담을 주고받을 것이다. 그러나 자신의 죄를 깊이 느끼면서 거룩하고 영원하고 높고 존귀하신 하나님 앞에서 떠는 사람은 그토록 거룩하신 분이 그토록 타락하고 비열한 인간의 마음속에 거하신다는 교리가 도덕적으로 볼 때 참으로 이해하기 힘들다고 느낄 것이다.

그러나 거룩하신 분이 죄로 가득한 인간 안에 거하시는 것이 아무리 모순처럼 보일지라도 성경에 이 교리가 너무 자주 나오기 때문에 간과될 수 없고, 너무나 분명히 표현되기 때문에 오해될 수 없다. 주 예수님은 "사람이 나를 사랑하면 내 말을 지키리니 내 아버지께서 저를 사랑하실 것이요 우리가 저에게 와서 거처를 저와 함께하리라"(요 14:23)라고 말씀하셨다. "그 날에는 내가 아버지 안에, 너희가 내 안에, 내가 너희 안에 있는 것을 너희가 알리라"(요 14:20)라는 말씀은 성부와 성자께서 거하시는 곳이 '인간의 안(내부)'이라는 사실을 증명해준다. 그리스도는 성령에 대해 "저는 … 너희 속에 계시겠음이라"(요 14:17)라고 말씀하셨다. 또한 그리스도는 요한복음 17장에 나오는 제사장적 기도에서 "내가 저희 안에 거한다"라는 표현을 두 번 사용하셨다.

신적 내주의 교리는 사도 바울의 서신들에서 충분히 발전된 형태로 나타난다.

"너희가 하나님의 성전인 것과 하나님의 성령이 너희 안에 거하시는 것을 알지 못하느뇨 … 하나님의 성전은 거룩하니 너희도 그러하니라"(고전 3:16,17).

"너희 몸은 너희가 하나님께로부터 받은바 너희 가운데 계신 성령의 전인 줄을 알지 못하느냐 너희는 너희의 것이 아니라"(고전 6:19).

신약성경은 하나님 자신이 그분의 참자녀들의 본성 안에 거하신다고 분명히 가르친다. 이것이 어떻게 가능한지 나는 모르겠다. 하기야 나는 내 영혼이 내 몸 안에 어떻게 거하는지도 모른다. 바울은 이 신적 내주가 '놀라운 신비'라고 말한다.

"하나님이 그들로 하여금 이 비밀의 영광이 이방인 가운데 어떻게 풍성한 것을 알게 하려 하심이라 이 비밀은 너희 안에 계신 그리스도시니 곧 영광의 소망이니라"(골 1:27).

만일 이 교리가 모순을 내포한다거나 아예 불가능한 것처럼 보인다면 우리는 우리의 인간적인 생각을 버리고 주께서 하신 말씀을 믿어야 한다.

"사람은 다 거짓되되 오직 하나님은 참되시다 할지어다"(롬 3:4).

이 진리에 담긴 영적 보화가 너무 크기 때문에 우리는 그 보화를 되찾기 위해 세심하게 신경을 쓰며 노력해야 한다. 그러나 지금 우리가 우선적으로 관심을 갖는 것은 이 문제와 관련된 신학적 이론이나 형이상학이 아니다. 우리는 다만 사실 자체, 즉 진리를 알기를 원할 뿐이다. 이 진리는 우리의 실제 생활에서 어떤 열매를 맺게 해줄 수 있는가? 이 진리는 암울하고 불경건한 세상에서 살 수밖에 없는 그리스도인이 진지하게 신앙을 실천하려고 할 때 어떤 도움을 줄 수 있는가? 결론부터 말하자면, 바울이 말했듯이 모든 면에서 많은 도움을 준다.

거룩한 본성의 적, 고집과 불신앙

하나님은 자신의 백성 안에 거하시되, 단지 수동적으로 거하시는 것이 아니다. 하나님은 그들 안에서 어떤 것을 이루기를 원하시며 그들 안에서 일하신다(빌 2:13 참조). 우리는 그분이 어디에 계시든지 간에 그분의 본질에 따라 행하신다는 것을 기억해야 한다. 우리 안에서 그분은 그분의 거룩한 본성이 원하시는 것을 행하실 것이다. 우리가 그분의 뜻에 저항하여 방해하는 일이 없다면, 그분은 하늘에서 행하시는 것처럼 우리 안에서도 행하실 것이다. 그분을 방해하는 것은 오직 거룩하게 되지 못한 인간의 의지(意志)이다.

하나님을 크게 방해하는 것은 우리의 고집과 불신앙이다. 때때로 우리는 우리 안에 사시는 성령님이 거룩한 충동을 주시지만 그것에 따르지 않는다. 또한 우리는 성경에 계시된 하나님의 뜻에 반대되는 행위를 한다. 이것은 우리가 시간을 내어 성경의 교훈을 공부하지 않았거나, 그런 공부를 했다 해도 그것을 좋아하지 않기 때문이다.

신약성경에 나타난 신학의 많은 부분은 우리 안에 내주(內住)하시는 하나님과 우리의 타락한 본성 사이의 싸움의 문제를 다룬다. 그러나 이 싸움이 무한히 계속될 필요는 없다. 그리스도는 우리를 육신의 속박에서 건지기 위하여 모든 수단을 마련하셨다. 로마서 6,7장은 이 싸움의 문제의 전모를 솔직하고 사실적으로 묘사하며, 로마서 8장은 승리의 비결을 제시한다. 승리의 비결은 영적으로 그리스도와 함께 십자가에 못 박히고 부활하는 것과 성령을 받는 것이다.

신자의 마음이 성령님을 통하여 영적 싸움의 갈등에서 벗어나면, 그는 내주하시는 그리스도를 체험하는 놀라운 복을 누리게 된다. 그의 마음이 하나님의 뜻에 복종하면 더 이상 하나님과 갈등을 일으키지 않게 되며, 그 결과 그분은 우리 안에서 아무런 제약을 받지 않고 우리와 조화를 이루며 사신다. 이런 상태에서 그분은 우리 안에서 그분의 생각을 우리에게 전해주신다. 그분 자신에 대한 생각, 우리에 대한 생각, 죄인들과 성도들과 아기들과 창녀들에 대한 생각, 교회에 대한 생각, 죄와 심판과 지옥과 천국에 대한 생각, 우리를 향한 그분의 사랑, 그분을 향한 우리의 사랑…. 그분은 이런 생각들을 우리 안에서 하신다. 마치 신랑이 신부에게 구애(求愛)하듯이, 그분은 우리에게 구애하신다.

그러나 우리 안에서 일어나는 그분의 활동은 자동적(自動的)이거나 형식적(形式的)이지 않다. 우리는 인격체(人格體)들이고, 인격체를 상대한다. 우리는 스스로 생각할 수 있는 지성과 의지를 가진 존재이다. 말하자면, 우리는 스스로를 채찍질하고 훈련하여 하나님의 뜻에 복종시킬 수 있는 존재이다. 우리는 침대 위에 꼼짝 않고 누워서 우리 자신과 대화할 수 있으며, 한밤중의 조용한 시간에 하나님께 말을 걸 수 있다. 우리는 하나님이 우리가 어떤 존재가 되기를 원하시는지를 알 수 있다. 그리고 우리는 하나님이 거하실 곳을 마련해드리기 위해 기도하고 노력할 수 있다.

그렇다면 하나님은 어떤 종류의 거할 곳을 원하시는가? 하나님이 우리 안에서 편하게 느끼시도록 해드리려면 우리의 성품이 어떻게 바뀌어야 하는가? 하나님이 원하시는 것은 우리가 두 마음을 품지 않고 깨끗해지는 것이다. 하나님은 비싼 장식 판자(板子), 동양에서 온 고급 수제 카펫, 먼 곳에서 가져온 보화를 원하지 않으신다. 하나님은 오직 성실함, 솔직함, 겸손 그리고 사랑을 원하실 뿐이다. 나머지는 하나님이 다 맡아서 처리하실 것이다.

하나님을 보는 것

하나님이 지고선(至高善)이시라면, 이 땅에서의 우리의 지고의 복은 하나님을 최대한 완전히 아는 것이다. 구속(救贖)의 최종적 목적은 영원히 복되신 하나님을 직접 뵙는 것이다. 현재 상태에서 우리는 인간의 눈으로 하나님을 볼 수 없다. 하나님은 모세에게 "네가 내 얼굴을 보지 못하리니 나를 보고 살 자가 없음이니라"(출 33:20)라고 말씀하셨다.

그러나 그리스도의 사역이 하나님의 백성 안에서 온전히 이루어질 때, '구속받은 사람들'이 그들의 구속자를 보는 것은 가능할 뿐만 아니라 자연스러운 일이 될 것이다. 사도 요한은 "그가 나타내심이 되면 우리가 그와 같을 줄을 아는 것은 그의 계신 그대로 볼 것을 인함이니"(요일 3:2)라고 말하면서, 이 점에 대하여 분명히 밝힌다. 또한 요한계시록도 "하나님과 그 어린양의 보좌가 그 가운데 있으리니 그의 종들이 그를 섬기며 그의 얼굴을 볼 터이요"(계 22:3,4)라고 증거한다.

'하나님을 보는 것'이야말로 모든 복들 중에서 지고의 복으로 여겨져 왔다. 이것은 인간이 누릴 수 있는 모든 복들의 완성이라고 말할 수 있다. 이 지복(至福)을 단 한순간만이라도 맛본다면 이 세상에서 겪었던 모든 고통과 슬픔의 기억이 영원히 사라질 것이다. 영화롭게 된 성도는 바로 이런 복을 영원히 누리며 살게 될 것이다. 사탄과 육신과 세상을 이기고 승리한 사람들은 이런 복을 누릴 것이다. 클루니의 베르나르는 이렇게 말했다.

오, 간사함을 모르는 신부여!
신비로운 황홀 속에서 그대는 느낄 것이니,

왕자님의 감미로운 입맞춤과
신랑의 사랑스러운 미소를.

살아 있는 진주로 만든 팔찌와
시들지 않는 백합은 그대 것이로다.

어린양이 언제나 그대 곁에 계시고
신랑은 오직 그대 것이로다.

주님이 면류관을 상으로 주실 것이며,
주님의 방패로 지켜주실 것이다.

주님 자신이 그대의 궁전이며
주님 자신이 그 궁전의 건축가이시다.

지난 몇 세기의 교회의 역사(歷史) 속에서 어떤 소수의 사람들은 그들의 복된 체험에 대하여 증거했다. 짧게 혹은 길게 그들은 황홀한 상태에 빠져 들어가서 하나님을 보는 지복을 적어도 어느 정도는 체험했다. 그들의 몸은 여기 이 땅에 있었지만, 그들의 육신의 눈이 아니라 성령님의 눈으로 '영원히 복되신 분'을 보았다.

이런 이야기들을 들을 때마다 본래 지극히 신중한 성격의 소유자인 나는 이런 이례적(異例的)인 것들을 선뜻 받아들이지 못하는 경향이 있었다. 그러나 이런 주장을 하는 사람들 중 어떤 사람들은 성결한 성품과 성숙한 판단력과 건전한 신학을 가지고 사회를 위해 헌신하는 사람들이라는 점을 고려할 때, 그들을 광신자나 사기꾼으로 볼 수 없을 것이다. 나 자신도 그들의 주장을 사실로 받아들인다.

그러나 이런 특수한 경험을 한 사람들을 제외한 절대 다수의 사람들은 지극히 높으신 하나님을 보는 지복이 어떤 것인지를 알려면 주님 재림의 날까지 기다릴 수밖에 없을 것이다. 그러므로 그 날이 올 때까지 우리는 '피의 언약'으로 말미암아 우리에게 주어지는 영광의 광채의 상당 부분을 놓치며 살 수밖에 없다. 물론 방금 언급한 사람들처럼 우리도 믿음을 가지고 성결한 삶을 위해 힘쓴다면 이 세상에서도 어느 정도 이 영광의 광채를 맛볼 수는 있다.

하나님의 임재를 느끼려면

하나님을 더 잘 알기 위해 노력할 때 우리가 깊이 명심해야 할 것은 우리가 하나님의 마음을 움직이려고 애쓸 필요가 없다는 것이다. 하나님은 이미 우리에게 은혜를 베풀 마음을 갖고 계신다. 그것은 우리의 기도 때문이 아니라 그분의 선하심과 인자하심 때문이다. 마이스터 에크하르트(Meister Eckhart, 1260~1327. 독일 도미니크파의 신학자이며 독일 신비주의의 대표적 사상가 - 역자 주)는 "모든 고결한 영혼에게 자신을 주는 것이 하나님의 성품이다. 당신이 준비만 되어 있다면 하나님은 즉시 자신을 부어주실 것이다. 실로 하나님은 그렇게 하지 않으실 수 없다"라고 말했다. 자연은 진공 상태를 용납하지 못하기 때문에 진공이 생기는 즉시 공기가 그 안으로 밀고 들어간다. 이와 마찬가지로, 어떤 영혼이 세상과 죄를 버리고 자신을 비우면 즉시 성령님이 그 안을 채우신다. 이것은 결코 하나님의 성품에 어긋나는 이상한 것이 아니다. 오히려 그분의 성품에 완벽하게 어울리는 것이다.

하나님의 임재를 느끼면서 살기를 원하는 사람이 끊임없이 마음속으로 기도해야 한다는 것은 아무리 강조해도 지나치지 않다. 물론 시간을 정해놓고 기도하는 것은 아주 좋은 일이다. 왜냐하면 이 세상에서 사는 동안 우리는 정해진 시간에 기도를 드리면서 살아야 하기 때문이다. 그러나 그것만으로는 부족하다. 우리는 입으로 표현하지 않는 기도를 끊임없이 드려야 한다.

어떤 사람들은 "이렇게 복잡한 세상을 살아가면서 늘 하나님을 의식하는 것이 가능한가?"라고 의문을 품을지도 모른다. 그들은 "이렇게 시끄럽고 복잡한 문명사회에서 일상적인 일들을 수행하면서 동시에 하나님에게 정신을 집중하라는 것은 너무 큰 부담을 주는 것이 아닌가?"라고 말할지도 모른다. 이런 의문에 대하여 프랑소와 마라발은 이렇게 대답했다.

"비둘기가 그것의 두 날개의 무게 때문에 날지 못하고 떨어지는 것이 아니라, 오히려 하늘 높이 날 수 있다. 하나님을 생각하는 것은 부담이 아니라 오히려 우리를 소생시키는 미풍(微風)이요, 우리가 넘어지지 않도록 붙잡아주는 손이요, 우리를 인도하는 빛이요, 우리도 모르게 힘을 주는 양약(良藥)이다."

우리가 깊이 사랑하는 사람과 함께 있으면 마음이 고양(高揚)되고 평안과 기쁨이 넘치지 않는가! 마찬가지로, 하나님을 최고로 사랑하는 사람은 하나님의 임재를 의식하기 때문에 황홀경(恍惚境)에 빠질 수 있다. 예수님의 제자들은 예수님을 보았을 때 기뻐하지 않았는가?

"(예수께서) 손과 옆구리를 보이시니 제자들이 주를 보고 기뻐하더라"(요 20:20).

우리는 한탄과 불평을 그치고 하나님을 바라보는 삶을 살아야 한다. 하나님이 여기 계시다. 그리스도께서 부활하셨다. 성령이 위에서부터 부어졌다. 우리는 이 모든 신학적 진리를 알고 있다. 이제 이 진리를 영적 기쁨의 체험으로 바꾸는 것은 우리의 몫이다. 그렇다면 우리는 어떻게 해야 하는가? 특별히 새로운 기술이 요구되는 것은 아니다. 만일 새로운 기술이 요구된다면 그것은 오히려 변질된 것이다. 과거로부터 내려온 방법이 참된 방법이다. 그것은 그리스도와 의식적(意識的)으로 교제를 나누는 것이다. 그리고 이 교제는 믿음과 사랑과 순종에 의하여 가능해진다. 아무리 믿음이 약한 신자라 할지라도 스스로 거부하지만 않는다면 얼마든지 믿음과 사랑과 순종의 삶을 살 수 있다.

17장
하나님과의 친밀한 우정을 믿는다

> 하나님과 우리 사이의 관계는 처음에는 격식을 차리는 수준에서 시작하지만, 점점 더 개인적이고 친밀한 관계로 발전하게 된다. 무한한 하나님과 유한한 인간이 지극히 부드럽고 만족스러운 우정 안에서 서로의 인격을 융합(融合)할 수 있다.

하나님과의 우정

'인간과 하나님 사이의 우정'이라는 개념은 하나님에게서 시작된 개념이다. 만일 하나님이 먼저 "너희는 나의 친구들이다"(요 15:14 참조)라고 말씀하지 않으셨다면, 인간이 "나는 하나님의 친구이다"라고 말하는 것이 뻔뻔하고 건방진 일이 될 것이다. 그러나 하나님이 먼저 우리를 친구로 삼기를 원하셨기 때문에 이제 그분과 우리 사이에 존재하는 '친구로서의 관계'를 무시하거나 부정하는 것은 불신앙이 되고 만다.

도덕적 존재들에게 영향을 주는 다른 모든 관계들의 경우와 마찬가지로, 우리와 하나님 사이의 관계도 그 깊이에 있어서 정도가 있다. 다시 말해서, 하나님과 우리 사이의 관계는 처음에는 격식을 차리는 수준에서 시작하지만, 점점 더 개인적이고 친밀한 관계로 발전하게 된다. 똑같이 친구라 할지라도 그 관계의 깊이는 다르다. 예를 들면, 우리가 친구라고 부를 수 있는 사람들이 있지만, 그들과 우리의 관계는 작은 긴장도 견디지 못하고 부수어질 정도로 약하다. 반면 비록 소수이기는 하지만 어떤 친구들과의 관계는 오랜 세월 동안 산전수전을 겪으면서 이어진 관계이기 때문에 거의 깨어지지 않는다.

친구 관계에 있는 두 사람이 서로 근본적으로 다르지만 두 사람은 일생 동안 가장 깊은 우정을 즐길 수 있다. 왜냐하면 두 사람이 모든 면에서 비슷해야 우정이 성립되는 것은 아니기 때문이다. 단지 두 사람의 인격이 서로 만나는 부분들에서 그들이 비슷하면 우정이 성립된다. 조화는 서로 접촉하는 부분들에서 유사성을 보이면 성립되고, 우정은 마음과 마음이 융합하는 데서 성립된다.

이런 관점에서 볼 때 '하나님과 인간 사이의 우정'이라는 것은 논리적으로 가능하며 충분히 신뢰할 만한 것이다. 무한한 하나님과 유한한 인간이 지극히 부드럽고 만족스러운 우정 안에서 서로의 인격을 융합(融合)할 수 있다. 그러나 이런 관계에서 평등성은 성립될 수 없다. 다만 인간의 마음과 하나님의 마음이 만나는 곳에서 서로 간에 유사성(닮음)이 존재할 뿐이다. 이런 유사성이 가능한 이유는 처음에 하나님이 인간을 하나님의 형상에 따라 만드셨으며, 죄 때문에 상실한 그 형상을 지금도 다시 회복시키고 계시기 때문이다.

인간과 공유하시는 하나님 속성

인간 안에 있는 하나님의 형상은 인간 존재의 모든 부분들로 확대될 수는 없는데, 왜냐하면 하나님의 어떤 속성(屬性)들은 아무리 그분이 사랑하는 피조물이라 할지라도 나누어줄 수 없는 속성들이기 때문이다. 하나님은 창조되지 않으시고 자존(自存)하시고 무한하시고 영원하시고 주권자(主權者)이시다. 이런 속성들은 하나님만의 것이기 때문에 그 어떤 존재도 이런 속성들을 하나님과 공유(共有)할 수 없다. 그러나 하나님이 자신의 피조물들에게 나누어주실 수 있는 속성들이 있는데, 하나님은 이것들을 '자신의 구속받은 자녀들'과 어느 정도 공유하신다.

지성(知性), 자의식(自意識), 사랑, 인자, 거룩함, 긍휼, 성실…. 이런 것들과 그 밖의 다른 속성들에서는 하나님과 인간 사이에 유사성(닮음)이 성립된다. 그리고 바로 여기에서 하나님과 인간 사이의 우정이 경험된다.

하나님은 완전하시기 때문에 완전한 우정을 이룰 수 있는 능력이 있으시다. 반면 불완전한 인간은 그 어떤 것에서도 완전에 도달할 수 없다. 특히, 신비로우신 하나님과의 관계에서는 완전과는 거리가 멀다. 하나님 편에는 완전함이 있지만, 인간 편에 있는 것은 확고하지 못한 목적의식, 열정의 부족, 적은 믿음, 그 밖의 여러 가지 한계들이다.

그러나 절망할 필요는 없다. 우리에게 인간적 단점들이 있지만 우리는 은혜 안에서 성장하면서 '좀 더 완전하고 체험적인 하나님과의 연합'으로 점진적으로 나아갈 수 있다. 이렇게 하기 위해서 우리는 자신을 엄격하게 훈련하고, 하나님의 뜻에 신속하게 순종하고, 끊임없이 기도하고, 세상의 잘못된 철학을 철저히 배격하고, 성경에 기록된 진리를 확실히 믿어야 한다.

지금 내가 강조하고 싶은 것은, 하나님의 계시된 진리가 자동적으로 효과를 나타내는 것은 아니라는 사실이다. 진리가 우리에게 어떤 효과를 얻게 해주느냐는 우리가 그 진리에 대해 어떤 자세를 취하느냐에 달려 있다. 우리는 적극적인 신앙으로 진리를 받아들이고 그것의 가치를 인정하고 조금도 의심하지 말아야 한다. 그리하여 결국 진리가 우리의 모든 사고와 기도 생활을 지배해야 한다.

우리와 하나님 사이의 관계가 완전해질수록 우리 삶은 더욱 단순해질 것이다. 되는 대로 만났기 때문에 두터운 우정을 형성하지 못한 사람들은 서로 간의 관계를 지속시키려면 격식을 차리지 않으면 안 된다. 그러나 깊은 우정의 관계를 맺고 있는 사람들이 서로 마주 앉아 있을 때에는 그런 격식이 필요 없다. 왜냐하면 진정한 친구들은 서로를 신뢰하기 때문이다.

집에 친구가 왔을 때와 손님이 왔을 때는 너무 다르다. 친구는 가족의 일원처럼 대하면 되지만, 손님은 신경을 써서 대접해야 한다.

하나님은 자신과 우리 사이에 더 이상 격식과 인위적인 자극이 필요 없을 정도로 서로 편안해질 때까지는 만족하지 않으신다. 하나님의 참친구는 그분의 면전에서 오랜 시간 동안 아무 말도 하지 않고 앉아 있을 수 있다. 완전한 신뢰가 있다면, 상대방을 안심시키기 위한 말이 더 이상 필요하지 않다. 그런 말은 이미 오래전에 있었다. 하나님을 사모하고 존경하는 마음은 그분 앞에서 얼마든지 말없이 평안하게 앉아 있을 수 있다.

이 땅에서 인간에게 주어질 수 있는 최고의 특권은 하나님의 친구들 중 하나가 되는 것이다. 우리와 하나님 사이에 끼어들 만큼 중요한 것은 없다.

천국과 지상과 지옥의 그 어떤 것도 우리를 하나님의 사랑에서 끊어놓을 수 없다. 우리는 이 세상의 어떤 것도 우리를 하나님과의 우정에서 끊어놓지 못하도록 노력해야 한다.

우정을 확인하는 방법

한 세기 전에 교회에서 자주 애창되었던 찬송가가 있는데, 그것의 첫 연(聯)은 다음과 같다.

내가 알고 싶은 것 한 가지가 있습니다.
그것 때문에 나는 종종 불안해집니다.
내가 주님을 사랑하고 있나요, 아닌가요?
내가 주님의 것인가요, 아닌가요?

자신들의 영적인 불안을 이렇게 고백할 수 있는 사람들은 진지하게 생각하는 정직한 사람들로, 체면 손상이나 부끄러움을 개의치 않고 서로 마음을 열고 대화할 수 있는 사람들이었다.

오늘날 이 찬송가가 불려지지 않는 것은 현대의 신앙인들의 본질적 경박성(輕薄性)을 드러내는 좋은 증거이다. 설교자가 이 찬송가를 인용한다 할지라도 그것은 어디까지나 옛날식 '종교 멜로드라마' 의 한 예(例)로써 제시되거나, 과거에 이 찬송가를 부른 사람들은 은혜의 교리를 제대로 모르는 사람들이었다는 증거로써 익살맞게 인용될 뿐이다. 현대의 신앙인들은 묻는다.

"우리가 주님을 사랑한다는 것을 증명해줄 수 있는 신약성경의 구절들을 얼마든지 인용해서 우리를 안심시킬 수 있는 사역자들이 넘치는데 어찌하여 '내가 주님을 사랑하는가?'라고 묻는가?"

그러나 우리는 너무 자신만만해 하지 않는 것이 좋다. 우리 중 누구라도 부딪힐 수 있는 가장 중대한 질문은 "나는 주님을 사랑하는가, 아닌가?"이다. 이 질문에 어떻게 대답하느냐에 따라 많은 것들이 달라지기 때문에 우리는 이 질문을 가볍게 넘길 수 없다. 또한 이 질문은 누가 누구를 대신하여 대답해줄 수 있는 성격의 질문도 아니다. 심지어 성경도 어떤 한 개인이 주님을 사랑한다고 말해줄 수 없다. 다만 성경은 그가 주님을 사랑하는지 아닌지를 어떻게 알 수 있는지에 대해 말해줄 수 있을 뿐이다. 다시 말해서 성경은, 광석에서 우라늄을 얻을 수 있는지 없는지를 알기 위해서 광석을 시험해보듯이 우리의 마음을 시험해보는 방법을 가르쳐줄 뿐이다. 그렇지만 그 시험을 해보아야 하는 사람은 바로 우리 자신이다.

우리 주님은 제자들에게 '사랑'과 '순종'은 본래 하나라고 가르치셨다. 다시 말해서, 그분의 말씀을 지키는 것은 그분을 사랑하는 증거이며 그렇지 못한 것은 그분을 사랑하지 않는다는 증거라고 말씀하셨다. 그러므로 우리가 주님을 사랑하느냐 사랑하지 않느냐를 테스트할 수 있는 잣대는 바로 순종이다. 이 사실을 회피하지 않고 받아들이는 사람은 지혜로운 사람이다.

그리스도의 명령들은 신약성경에서 중요한 위치를 차지하지만, 현대의 복음주의적 신앙인들의 마음속에서는 그렇지 못하다. 현대의 많은 영향력 있는 성경 교사들은 "그리스도의 계명들에 대한 우리의 태도가 그분과 우리 사이의 관계를 드러낸다"는 주장이 율법주의적 사상이라고 말한다. 그렇기 때문에 그들은 우리 주님의 명백한 말씀을 철저히 거부하거나, 아니면 바울 서신들에 근거했다고 착각하는 신학적 이론(理論)들에 맞추기 위해서 그분의 말씀을 왜곡시킨다. 결국, 복음주의자들도 공공연한 현대주의자들(성경에 대한 '고등비평'을 받아들이고 창조, 타락, 그리스도를 통한 구속 등의 전통 신앙을 부인하는 사람들 - 역자 주)만큼 대담하게 하나님의 말씀을 부인한다.

만일 우리가 모든 바람이 항상 천국을 향해서 불고 모든 사람이 하나님의 친구인 영적인 유토피아에 산다면, 우리는 우리 속의 새 생명에 힘입어 아무 의지적(意志的) 노력도 없이, 심지어 다소간 무의식적(無意識的)으로 하나님의 뜻을 행하게 될 것이다. 그러나 우리는 영적인 유토피아가 아닌 이 세상에서 살아간다. 불행하게도 이 세상에서는 육신의 정욕과 세상의 유혹과 사탄의 시험이 우리를 대적한다. 그렇기 때문에 문제가 어려워지며, 종종 우리는 그리스도와 그분의 계명들을 선택하기 위해 단호한 도덕적 결단을 내려야 한다.

그리스도에 대한 충성된 사랑

우리의 선택과 결단이 가장 잘 드러나는 때는 바로 위기의 때이다. 예를 들어 여기에 한 애국자가 있다고 가정해보자. 그는 반평생을 조국에 충성하면서도 그것을 별로 의식하지 못하면서 살아왔다. 그런데 적국이 그에게 엄청난 반대급부를 제안하면서 조국을 배신하라고 유혹한다. 그는 적국의 제의를 단호히 거부한다. 바로 이때 그의 애국심은 만인이 볼 수 있을 정도로 드러나게 된다.

그리스도인의 삶도 이와 같다. "남풍이 순하게 불매"(행 27:13) 바울이 탄 배는 순항을 계속했다. 순항이 계속되는 동안 배에 탄 사람들 중 누구도 바울이 누구인지 또는 평범한 그의 외모 뒤에 얼마나 큰 영적 능력이 숨어 있는지를 알지 못했다. 그러나 강력한 태풍 '유라굴로'가 일어났을 때 사람들은 그가 얼마나 위대한 사람인지에 대해서 이야기하기 시작했다. 비록 죄수의 몸이었지만 그는 말 그대로 그 배의 통제권을 갖고 결정을 내리고, 사람들의 생사를 좌우할 수 있는 명령을 내리게 되었다. 내 생각에는, 심지어 바울 자신도 그때까지 알지 못했던 어떤 것이 그의 안에 잠재적으로 있다가 이 위기를 통하여 드러나게 된 것 같다. 그때까지 단지 머리로만 알았던 것이 태풍이 닥치게 됨으로써 분명한 현실적 사실(事實)로 눈앞에서 벌어진 것이다.

그리스도인은 그리스도의 계명들에 직면해서 결단을 강요받을 때까지는 그분을 향한 자신의 사랑의 실재(實在)와 깊이를 확신할 수 없다. 그런 결단의 때에 도달해서야 비로소 그는 그리스도를 향한 자신의 사랑에 대해 확신을 가질 수 있다. 우리 주님은 "나의 계명을 가지고 지키는 자라야 나를 사랑하는 자니 … 나를 사랑하지 아니하는 자는 내 말을 지키지 아니하나니"(요 14:21,24)라고 말씀하셨다.

그러므로 사랑의 유무를 확인할 수 있는 결정적인 테스트는 '순종' 이다. 기분 좋은 감정들, 희생을 각오하는 마음, 열정이 아니라 그리스도의 계명들에 대한 순종이 시금석이다. 우리 주님은 모든 사람들이 볼 수 있도록 분명한 선을 그으신다. 그리고 그 선의 한쪽에 그분의 계명들을 지키는 사람들을 두시고 "이 사람들은 나를 사랑한다"라고 말씀하신다. 그리고 반대편에는 그분의 계명들을 지키지 않는 사람들을 두시고 "이 사람들은 나를 사랑하지 않는다"라고 말씀하신다.

그리스도를 향한 사랑(우정)은 감정의 문제일 뿐만 아니라 의지(意志)의 문제이기도 하다. 그분의 말씀에 순종하겠다는 의지가 없다면 그분을 온전히 사랑하는 것이 불가능하다.

우리가 진정 주님을 사랑하는가를 알기 위해서 우리는 그분의 시금석을 적용해야 한다. 잘못된 도로표지판이 우리를 엉뚱한 곳으로 이끌 수 있듯이, 잘못된 시금석은 잘못된 결론에 도달하게 만든다. 주님은 분명한 이정표를 세워두셨지만 우리는 혼동과 착각에 능한 사람들이라 길을 잃기 쉽다.

'은혜와 신앙'에 대한 정교한 신학적 이론들에서 잠시 벗어나서 겸손히 순종하는 마음으로 신약성경을 읽어보라. 그러면 우리 자신을 발견할 것이다. 그리고 우리의 조상들을 불안하게 했으며 또한 우리를 불안하게 하는 질문이 어떤 것인지를 분명히 알게 될 것이다.

"나는 주님을 사랑하는가, 아닌가?"

4부
진짜는 무엇을 행하는가?

THAT
INCREDIBLE
CHRISTIAN

A.W. TOZER

사람을 두려워하면 올무에 빠질 수 있다고 선지자는 말한다. 그러므로 진짜 그리스도인은 사람 앞에 떨지 않는다. 그리스도인은 근본적으로 세상과 조화를 이룰 수 없는 사람이기 때문에 세상은 당연히 그를 싫어한다. 이런 상황에서 그리스도인이 세상 사람들을 두려워하면 그는 이미 패배한 것이다. 왜냐하면 사람들을 두려워하면 그들에게 저항할 수 없기 때문이다.

18장 자유의지를
하나님의 의지 앞에 복종시킨다

진짜 그리스도인은 자신이 원하는 어떤 것이라도 선택할 수 있는 자유가 있음을 안다. 그리고 그것을 알기 때문에 그는 하나님의 복된 뜻을 영원히 선택(순종)한다.

마지막 한 걸음은 우리가

인간의 의지(意志)가 자유로워야 한다는 것은 인간의 본질에 기인한다. 완전히 자유로우신 하나님의 형상대로 지음 받은 인간은 당연히 어느 정도의 자유를 누리게 된다. 의지의 자유가 있기 때문에 그는 이 세상과 저 세상에서 어떤 사람들과 어울릴 것인지를 선택할 수 있다. 의지의 자유가 있기 때문에 그는 자신이 원하는 존재에게 자신의 영혼을 바칠 수 있다. 다시 말해서, 하나님께 충성을 바칠 수도 있고 마귀를 위해 헌신할 수도 있다. 죄인으로 머물 수도 있고 성도가 될 수도 있다.

하나님은 우리의 의지의 자유를 존중하신다. 하나님은 자신이 만드신 모든 것을 보고 그것들을 좋게 여기셨다. 아무리 작은 것이라 할지라도 하나님이 만드신 것을 보고 흠을 잡는 것은 그것을 만드신 분을 흠잡는 것이다. 하나님이 인간을 자신의 형상대로 만드실 때 불완전하게 만드셨다고 한탄하는 것은 신성모독이다. 죄를 제외한다면, 인간의 본성에서 잘못된 것은 하나도 없다. 이 진리를 확인해주는 사건은 바로 영원한 아들이 영원히 인간의 육신을 입고 이 땅에 오신 사건이다.

하나님은 자신의 작품을 이토록 존중하시기 때문에 어떤 이유로든지 그것을 억지로 움직이시지 않는다. 하나님이 인간의 자유를 완전히 눌러버리고 억지로 그의 의지에 반(反)하여 행동하게 만드신다면, 그것은 인간 안에 있는 자신의 형상을 조롱하는 행위가 될 것이다. 하나님은 절대 이런 행동을 하지 않으신다.

우리 주님은 젊은 부자가 그분에게서 떠나는 것을 지켜보셨지만, 그를 따라가서 억지로 붙들지는 않으셨다. 그 젊은 부자의 인간적 존엄성은 다른 사람이 그를 대신하여 어떤 것을 선택하는 것을 용납할 수 없다. 그가 인간으로 머무는 한, 그는 스스로 도덕적 선택을 할 수밖에 없다. 그리스도는 이것을 아셨기 때문에, 그 젊은 부자가 자신이 선택한 길을 가도록 내버려두셨다. 만일 그가 자신의 선택의 결과로 결국 지옥에 간다 할지라도, 적어도 그는 인간으로서 지옥에 가는 것이다. 그가 영혼과 의지가 없는 로봇이 되어 조종을 받아 천국에 가는 것보다 차라리 인간으로서 지옥에 가는 것이 우주의 도덕성을 위해서는 더 나은 일이 될 것이다.

하나님은 우리를 향해 아홉 걸음을 걸어오시지만 마지막 한 걸음은 우리를 위해 남겨놓으신다. 그분은 우리의 마음이 회개로 향하도록 만드시지만, 우리를 대신하여 회개를 해주시는 것은 아니다. 회개할 죄를 저지른 사람만이 그 죄에 대해서 회개할 수 있다는 것이 바로 회개의 본질적 부분들 중의 하나이다. 하나님은 죄를 짓고 있는 사람이 돌아오기를 기다리실 수 있다. 그분은 심판을 당장 시행하지 않으실 수 있다. 그분은 심판을 흐지부지 취소하시는 것처럼 보일 정도로 너무나 오래 참으실 수도 있다. 그러나 그분은 우리가 우리의 의지에 반하여 회개하도록 강압하시지는 않는다. 만일 그렇게 하신다면 그것은 인간의 자유를 유린하는 것이요, 본래 인간에게 주신 선물을 다시 빼앗아가는 게 될 것이다.

하나님의 의지에 복종시키라

선택의 자유가 없으면, 죄도 없고 의(義)도 없다. 왜냐하면 본질적으로 죄와 의는 의지적 자유가 없으면 성립할 수 없기 때문이다. 어떤 행위가 아무리 선하다 할지라도 그것이 외부로부터 강제적으로 강요된 것이라면 실상 선한 것이 아니다. 강제적 부과가 그 행위의 도덕적 요소를 파괴하기 때문에 그것은 무효화되고 공허한 것이 되고 만다.

어떤 행동이 죄가 되려면 자발적인 면이 나타나야 한다. 죄는 하나님의 뜻에 어긋난다고 밝혀진 것을 범하는 의지적 행위이다. 도덕적 지식이 없거나 의지적 선택이 없는 곳에서는 죄가 성립되지 않는다. 왜냐하면 죄는 법을 어기는 것이고, 법을 어기는 것은 의지적 선택의 결과이기 때문이다.

루시퍼(계명성)는 다음과 같은 치명적 선택을 함으로써 사탄으로 전락하고 말았다.

"(내가) 가장 높은 구름에 올라 지극히 높은 자와 비기리라"(사 14:14).

분명히 그의 선택은 '빛'을 거부하는 선택이었다. 그의 행위에는 지식과 의지가 모두 포함되어 있었다. 반면 그리스도는 고통 중에 "내 원대로 마옵시고 아버지의 원대로 되기를 원하나이다"(눅 22:42)라고 부르짖음으로써 자신의 거룩함을 드러내셨다. 그분의 선택은 자신의 선택의 결과가 어떤 것인지를 완전히 알고 내린 의지적 선택이었다. 예수님이 겟세마네 동산에서 갈등을 겪으실 때 잠시나마 두 의지가 충돌했다. 즉, '하나님이신 인간'(the Man who was God)의 낮은 의지와 '인간이신 하나님'(the God who was Man)의 높은 의지가 충돌했다. 그러나 결국 그분의 높은 의지가 승리했다. 여기서 그리스도와 사탄의 차이가 완벽하게 드러나며, 바로 이 차이 때문에 성도와 죄인이 갈라지고 천국과 지옥이 갈라지는 것이다.

어떤 사람들은 이렇게 물을지 모른다.

"우리가 '내 원대로 마옵시고 아버지의 원대로 되기를 원하나이다'라고 기도한다면, 그것은 우리의 의지를 무효화하는 것이요, 따라서 우리 안에 있는 하나님의 형상의 일부인 '의지적 선택권'을 행사하기를 거부하는 것이 아닌가?"

이런 질문에 대한 대답은 물론 '절대 그렇지 않다'이다. 하지만 이런 의문에 대해서 더 논의를 해볼 필요는 있다.

의지적 선택에 의해서 이루어진 행위는 의지의 자유를 폐기하는 것이 아니다. 우리가 하나님의 뜻을 선택한다면 우리는 선택권을 부정하는 것이 아니라 오히려 행사하는 것이다. 우리가 하나님의 뜻을 선택하는 것은, 우리 자신이 최선의 선택을 바랄 만큼 선하지도 않고, 최선의 것을 선택할 만큼 지혜롭지도 않다는 것을 인정하는 것이다. 다시 말해서, 그것은 우리의 무지와 악함을 고백하면서 선하고 지혜로우신 분이 우리를 대신하여 선택해주시기를 간청하는 것이다. 이것이 타락한 인간이 그의 의지의 자유를 가장 잘 사용하는 방법이다.

테니슨(Alfred Tennyson, 1809~1892. 목사의 아들로 태어나 많은 시를 쓴 그는 영국 빅토리아조의 국보적 존재로 여겨졌다 - 역자 주)은 이 진리를 깨닫고 그리스도에 대하여 이렇게 썼다.

주님은 인간으로 그리고 하나님으로 보이십니다.
주님은 가장 거룩하고 가장 높으신 인간이십니다.
우리의 의지(意志)는 우리의 것이지만,
우리의 힘으로 움직일 수 없습니다.
우리의 의지는 우리의 것이지만,
주님의 의지에 복종하기 위해 존재합니다.

"우리의 의지는 우리의 것이지만, 주님의 의지에 복종하기 위해 존재합니다"라는 말에는 깊은 영적 진리가 담겨 있다. 거룩함에 이르는 비결은 의지를 파괴하는 것이 아니라, 그 의지를 하나님의 의지에 복종시키는 것이다.

진짜 성도는 자신이 하나님으로부터 '자유'라는 선물을 받았음을 인정한다. 그는 하나님이 몽둥이로 때려서 순종하게 하시거나, 까다로운 아이에게 하듯 감언이설로 꾀어서 하나님의 뜻을 행하게 하지는 않으신다는 것을 안다. 그는 이런 방법들이 하나님에게나 그의 영혼에게 어울리는 방법이 아님을 안다. 진짜 그리스도인은 자신이 원하는 어떤 것이라도 선택할 수 있는 자유가 있음을 안다. 그리고 그것을 알기 때문에 그는 하나님의 복된 뜻을 영원히 선택(순종)한다.

19장

영적 침체에서 벗어나기 위해 전력을 기울인다

무기력한 침체에 빠지지 않기 위해서 우리는 적절한 휴식을 취하고, 하나님에게 허심탄회하게 말씀드리는 훈련을 하고, 생활에 활력을 불어넣을 수 있는 다양한 변화를 시도해야 한다.

신체적 원인에 기인한 영적 침체

인생의 권태기가 불가피한 것이 아닌데도 권태기는 흔한 현상들 중 하나가 되었다. 영적인 것들에 대한 흥미가 사라지고 삶의 재미가 많이 또는 전부 사라져서 영적으로 침체기에 빠져본 적이 없는 그리스도인은 거의 없을 것이다.

영적으로 둔감한 상태에 빠지게 되는 원인들이 다양하기 때문에 그에 대한 해결 방법도 다양할 수밖에 없다. 때로는 영적 침체가 우리 자신의 잘못 때문에 생길 수도 있다. 예를 들면, 우리가 죄를 짓고도 즉시 회개하지 않아서 깨끗이 씻김을 받지 못했을 경우, 또는 세상적인 일들에 재미를 붙여서 내적인 영적 생명이 자라지 못하도록 막았을 경우가 있다.

지금 예를 든 것처럼 원인이 단순하면, 그 치료 방법도 단순하다. 과거에도 그랬듯이, 현재에도 이런 문제의 해결책은 '회개'이다. 그러나 말씀과 기도를 통해서 자신을 솔직하고 주의 깊게 살핀 후에도 자신에게서 악이 발견되지 않는다면, 자신에게 잘못이 있다고 판단하여 회개하는 것은 아무 도움이 못 된다. 죄를 짓고도 죄를 짓지 않았다고 말하는 것은 사실에 대해 거짓을 범하는 것이며, 죄를 짓지 않았는데 죄를 지었다고 주장하는 것은 자기 자신에게 거짓을 범하는 것이다. 자신에게 거짓을 범하는 사람들은 그리스도께서 완성하신 구속 사역을 통하여 모든 죄에서 깨끗해졌다는 것을 받아들여야 하며, 하나님이 '깨끗하다'라고 말씀하신 것을 '깨끗하지 않다'라고 말하는 행위를 중단해야 한다.

때때로 우리의 문제가 도덕적인 원인 때문이 아니라, 신체적인 원인 때문에 생길 수도 있다. 우리가 '죽을 수밖에 없는 몸' 안에서 살아가는 동안, 우리의 영적인 삶은 어느 정도 몸에게 영향을 받지 않을 수 없다. 여기서 우리는 '죽을 수밖에 없는 몸'과 바울이 말하는 '육신'을 구별해야 한다. 바울이 '육신'이라고 말할 때 그것은 우리 인간의 타락한 '본성'을 가리키는 것이지, 성령의 전(殿)인 우리의 '몸'을 가리키는 것이 아니다.

우리가 성령님의 능력을 통해서 육신의 세력들로부터 건짐을 받는 것은 사실이지만, 우리가 살아 있는 동안 몸의 연약함과 불완전함에서 벗어나지 못하는 것도 사실이다.

피로

영적 침체와 무기력의 원인들 중에서 종종 우리가 간과하기 쉬운 것은 '피로'이다. 셰익스피어는 치통 때문에 괴로운 사람은 철학자가 될 수 없다고 말했다. 피곤한 상태에서는 경건과 거룩함의 상태로 몰입하는 것이 지극히 어렵다. 주님의 일을 하느라고 피곤해진 그리스도인이 그 피로를 풀지 못하면 결국 그는 침체 상태에 빠지고 만다. 그가 주님의 포도원에서 일했다고 해서 그의 피로가 다른 데서 일한 것보다 줄어드는 것은 아니다. 우리 주님도 이 사실을 잘 아셨기 때문에 때때로 제자들을 쉬게 하셨다.

한 주(週)의 중요한 설교를 주일 저녁에 하게 되면 회중은 목사들의 가장 좋은 설교들을 꽤 피곤한 상태에서 듣게 되며, 그 결과 사역의 효율성이 떨어지고 만다. 존 번연(John Bunyan, 1628~1688. 영국의 설교가로서 「천로역정」의 저자 - 역자 주) 같은 사람들이 종종 새벽 다섯 시에 설교를 했다는 글을 읽고 나는 약간 놀랬다. 물론 존 번연의 시대와 우리의 시대는 문화적 배경이

다르다. 여기서 내가 지적하고 싶은 것은, 우리의 믿음의 조상은 기운이 넘치는 청중을 상대로 설교하려고 노력한 반면 우리는 피곤한 청중에게 설교하는 관습에 빠져 있다는 것이다. 단언하건대, 그들이 좀 더 효율적으로 사역했다고 말할 수 있다.

단조로움

우리를 지치게 만드는 또 다른 것은 '단조로움'이다. 아무리 즐거운 것이라 할지라도 그것을 계속하면 싫증이 나게 마련이다. 비록 우리가 하나님나라에 관한 것들을 생각한다 할지라도 똑같은 것들을 끊임없이 생각하면 싫증이 날 수밖에 없다. 하나님이 낮과 밤이 교대로 찾아오도록 만드신 것은 단조로움을 깨서 우리가 활력 있게 생활하도록 만드신 것이므로 우리는 감사해야 한다고 밀턴(John Milton, 1608~1674. 「실락원」이라는 저서를 남긴 영국의 시인 - 역자 주)은 말했다.

가장 순수한 영혼을 가진 사람들 중 어떤 사람들은 일상적인 것들을 완전히 외면한 채 영적인 것들만 생각하고 추구하는 것이 위험할 수 있다고 경고하는 글들을 썼다. 휘겔(Friedrich Von Hugel, 1852~1925. 로마 가톨릭 신학자이며 철학자 - 역자 주)은 기도만 계속하면 신경(神經)에 무리가 올 수 있다고 말하면서, 때때로 하늘의 것들에 대한 생각을 중단하고 나가서 산책을 하거나 정원에 꽃을 심으라고 권한다. 전날 저녁에 읽을 때는 그렇게 달콤하고 향기롭던 성경구절이 그 다음날 다시 읽을 때는 전혀 감동을 주지 못하는 경우를 우리 모두 경험하지 않았는가? 이것은 성령님이 우리에게 앞으로 펼쳐지게 될 새로운 사건들로 나아가라고 인도하시는 것이라고 볼 수 있다. 과거에 광야에서 하나님은 이스라엘 민족이 계속 전진하도록 만드셨다. 만일 그들이 40년 동안 한곳에서만 야영(野營)했다면 어떤 일이 벌어졌겠는가?

위대한 그리스도인들의 삶을 살펴보면, 그들이 다른 사람들하고 달랐을 뿐만 아니라, 그들의 삶의 각 단계들이 서로 달랐음을 알 수 있다. 어떤 한 단계에서 그들에게 도움을 주었던 영적 노력이 나중에는 아무 도움이 되지 못했기 때문에 변화를 시도해야 했던 것을 우리는 볼 수 있다.

신앙적 권태에 빠지지 않기 위해서 우리는 비록 좋은 습관이라 할지라도 '판에 박힌 습관'에 빠지지 말아야 한다. 우리 주님도 '알맹이 없는 공허한 반복'에 대하여 경고하셨다. 물론 공허하지 않은 반복이 있는 것도 사실이다. 그러나 자주 반복되는 기도가 간절함을 잃어버릴 때 공허해지고 만다. 우리는 우리의 기도가 얼마나 진실하고 자발적인가를 확인하기 위해서 때때로 우리의 기도를 깊이 살펴야 한다. 우리는 그것이 소박하고 솔직하고 신선하고 독창적인 것이 되도록 힘써야 한다. 무엇보다도 우리는 인위적으로 거룩한 감정을 불러일으키기 위해서 노력해서는 안 된다. 자신이 메말랐다고 느낄 때에는 그것을 무시하여 잊어버려라. 아니면 죄의식을 느끼지 말고 하나님께 그것에 대해 말씀드려라. 우리가 어떤 잘못을 범해서 메마른 것이라면 성령님이 말씀을 통하여 우리의 잘못을 깨닫게 하실 것이다.

요컨대, 무기력한 침체에 빠지지 않기 위해서 우리는 적절한 휴식을 취하고, 하나님에게 허심탄회하게 말씀드리는 훈련을 하고, 생활에 활력을 불어넣을 수 있는 다양한 변화를 시도하고, 앞으로 나아가라는 하나님의 음성에 귀를 기울이고, 언제나 조용히 신앙으로 살아가야 한다.

20장 과거의 후회를 버리고 주님과의 교제에 힘쓴다

> 그리스도인은 때때로 과거의 삶을 돌아보며 부끄러움을 느낄 수 있다. 그러나 그것은 어디까지나 잠깐 흘깃 보는 것이어야 한다. 시선을 고정시켜서 과거를 응시해서는 안 된다.

'~로부터의 구원'과 '~을 향한 구원'

오늘날 복음주의적 교회는 '옳으면서도 잘못된' 이상한 상태에 처해 있다. 여기서 옳고 그름을 가르는 시금석은 사소한 것 같아 보이는 표현의 차이와 관련된다.

성경을 옳고 그름의 척도로 삼아 판단한다면 복음주의자들은 그들의 신조에 있어서는 옳다. 심지어 회의주의자 멘켄(H. L. Mencken, 1880~1956. 미국의 문예비평가. 대표적 저서로는 「편견집」이 있다 - 역자 주)도 "만일 성경이 진리라면 근본주의자(根本主義者)들이 옳다"라고 말했다. 비록 성경을 믿지는 않았지만 그는 근본주의자들이 주장하는 기본 교리들이 성경의 교훈과 일치한다는 것을 통찰할 만큼 지혜로웠다.

그렇다면 도대체 우리는 왜 '옳으면서 동시에 잘못된' 것인가? 그것은 우리가 'Saved' (구원)라는 단어 뒤에 'from' (~로부터의)이라고 표현하는 경우와 'to' (~을 향한)라고 표현하는 경우를 균형 있게 강조해야 하는데 실제로 그렇지 못하기 때문이다. 오랜 세월 동안 우리는 진리를 담고 있는 문자(文字)를 굳게 붙들면서도 진리의 본래의 뜻으로부터 멀어져왔다. 그 이유는 우리가 '~을 향한 구원' (saved to~)이 아니라 '~로부터의 구원' (saved from~)에만 집착했기 때문이다.

바울은 데살로니가후서에서 이 두 가지 개념의 상대적인 중요성을 균형 있게 제시한다.

"너희가 어떻게 우상을 버리고 하나님께로 돌아와서 사시고 참되신 하나님을 섬기며 … 그의 아들이 하늘로부터 강림하심을 기다린다고 말하니" (살전 1:9,10).

그리스도인은 그의 과거의 '죄들로부터' 구원받았다. 과거의 죄들에 관한 한, 그는 이제 더 이상 할 것이 없다. 그는 이제 그것들을 잊어버리면 된다. 마치 아침이 밝아오면 밤을 잊어버리듯이…. 또한 그는 장차 임할 하나님의 진노로부터 구원받았다. 이것에 관한 한, 그는 이제 더 이상 할 것이 없다. 하나님의 진로가 임할 것이지만, 그와는 아무 상관이 없다. 죄와 하나님의 진노는 서로 '인과관계'(因果關係)에 놓여 있다. 그리스도인에게 있어서는, 죄가 사라졌으므로 진노도 사라졌다. 그의 과거의 죄들은 부정적인 것들이다. 그런데 이런 부정적인 것들에만 몰두하는 것은 부정적인 삶을 사는 것이다. 그런데 유감스럽게도 많은 열심 있는 신자들이 이렇게 살면서 대부분의 시간을 보낸다.

그러나 우리는 부정적인 것들이 아니라 긍정적인 것들과 더불어 살도록 부름 받았다. 우리의 영혼이 건강해지는 것도 우리가 긍정적인 것들에 몰두할 때이다. 영적 생명은 부정적인 것들을 먹고 살 수 없다. 회심(回心) 이전의 삶의 악한 것들을 계속 언급하는 사람은 완전히 잘못된 방향을 향하고 있는 것이다. 이런 사람은 육상 선수가 경기 중에 고개를 뒤로 돌리면서 달리는 것과 마찬가지이다.

그리스도인의 과거는 그에게 가장 덜 중요한 것이다. 그에게 가장 중요한 것은 미래이다. 바울이 때때로 그랬던 것처럼, 그리스도인은 때때로 과거의 삶을 돌아보며 부끄러움을 느낄 수 있다. 그러나 그것은 어디까지나 잠깐 흘깃 보는 것이어야 한다. 시선을 고정시켜서 과거를 응시해서는 안 된다. 우리가 계속적으로 응시해야 할 것은 하나님이시며, 장차 나타날 영광이다.

'~로부터의 구원'과 '~을 향한 구원'의 관계는 '중병'과 '회복된 건강'의 관계와 같다. 의사는 이 두 극단(極端)의 사이에 서서 우리를 한쪽에서 다른 한쪽으로 향하게 한다. 중병이 치료되었다면 그것에 대한 기억을 마음의 변방(邊方)으로 밀어내어 점점 희미해지다가 결국에는 사라지게 만들어야 한다. 병을 치료한 복된 사람은 건강해진 몸에서 나오는 힘을 사용하여 인류를 위해 유익을 끼쳐야 한다.

회복된 정원

많은 사람들은 중병에 대한 기억이 계속 그의 정신을 지배하도록 허락한다. 그리하여 몸의 병이 치료된 후에도, 과거처럼 자신이 약하다는 생각에서 헤어나오지 못한다. 즉, 그들은 몸이 충분히 회복되었지만, 과거의 기억에 사로잡혀서 한 발짝도 앞으로 나가지 못한다.

그러나 다행스럽게도 '망각의 기술'이 있다. 모든 그리스도인들은 이 기술에 숙달되어야 한다. 우리가 그리스도 안에서 장성한 사람이 되려고 한다면, 뒤에 있는 것을 반드시 잊어버려야 한다. 하나님이 우리의 과거를 효과적으로 처리하셨다는 것을 믿지 못한다면 우리에게는 소망이 없다. 50년 동안 우리의 죄에 대하여 슬퍼한다 할지라도 죄를 없앨 수 없다. 그러나 하나님이 우리의 죄를 사하시고 우리를 깨끗하게 하셨다면 우리는 죄의 문제가 해결된 것을 믿어야 한다. 그리고 더 이상 쓸데없이 슬퍼하느라고 시간을 낭비해서는 안 된다.

우리의 가슴속에 품고 살았던 죄의 짐이 갑자기 없어졌다고 해서 우리가 진공 상태에 빠지는 것은 아니다. 우리의 죄와 실패가 사라진 빈 공간으로 성령님이 전혀 새로운 것들을 가지고 들어오신다. 즉, 그분은 새 생명, 새 소망, 새 관심, 새로운 목적을 위해 수고하는 기쁨을 가지고 들어오신다. 무엇보다도 감사한 것은 기쁨으로 충만한 우리 영혼의 눈을 돌릴 수 있는 새로운 대상이 우리에게 생겼다는 것이다. 이제 하나님은 회복된 정원(庭園)을 채우신다. 그러므로 우리는 두려움 없이 그 정원 안을 걸으며, 하루 중 선선한 때에 그분과 교제를 나눌 수 있다.

이제 우리는 현대의 많은 그리스도인들의 연약함이 왜 발생하는지를 알 수 있다. 그들은 중요한 것이 무엇인지 모르기 때문이다. 다시 말해서, 그들은 그들이 '무엇을 향해서' 구원받았는지를 모른다. 그들은 구원받은 목적이 하나님을 알아 '생명의 새 길'을 통해 그분의 영광의 임재 안으로 들어가서 영원히 거하는 것임을 모른다. 하나님은 우리가 언제나 하나님만을 생각하면서 살도록 하기 위해서 우리를 부르셨다. 무한한 신비와 위엄을 가지신 삼위일체 하나님이 우리의 하나님이시고, 우리는 하나님의 것이다. 하나님의 선하심과 거룩하심과 진실하심을 체험하려면 '영원'이라는 시간도 부족할 것이다.

천국에서 우리는 밤낮으로 황홀경 상태에서 하나님을 예배하면서 안식을 취할 것이다. 이제 우리는 우리가 바로 그 천국으로 가고 있다고 고백한다. 장차 천국에서 하나님을 예배할 것처럼 지금 이 땅에서도 예배하면 어떨까?

21장 성령으로 변화된 인격으로서 봉사한다

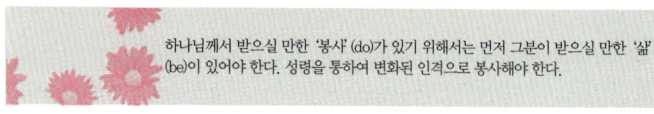

하나님께서 받으실 만한 '봉사'(do)가 있기 위해서는 먼저 그분이 받으실 만한 '삶'(be)이 있어야 한다. 성령을 통하여 변화된 인격으로 봉사해야 한다.

'봉사를 위한 능력'은 성령 충만의 작은 효과이다

한 세대 전만 해도 일부의 성경 교사들은 신자의 삶 속에서 나타나는 성령님의 사역이 오직 '봉사를 위한 능력'을 제공하는 것이라고 가르쳤다.

20세기의 처음 25년 동안 '봉사를 위한 능력'이라는 말은 복음주의 진영에서 쏟아져 나오는 책들이면 어디에서나 등장했다. 그리하여 사람들은 성령님이 교회 안에 임재하시는 목적은 바로 봉사를 위한 힘을 제공해주기 위함이라고 성경이 가르친다고 믿게 되었다. 이것은 당시 세계의 여러 지역들에서, 특히 미국에서 영향력을 증대시켜가고 있던 소위 '은사 중심의 목회'를 지향하는 교단들의 견해와는 다른 것이었다. 이런 교단의 사람들은 자기들이 신약성경의 기독교로 돌아가는 것이라고 주장하면서, 그들 중에서 나타나는 성령의 은사들을 그 증거로 제시하였다. 그들은 방언의 은사를 특히 강조하였으며, 때로는 오로지 방언의 은사만을 강조하였다. 이들의 주장은 굉장한 감정주의(感情主義)의 폭발을 가져왔다. 영적 체험을 한 사람들은 큰 기쁨을 맛보았고, 이것을 옆에서 지켜보는 사람들은 그들의 기뻐하는 모습을 보고 크게 영향을 받지 않을 수 없었다.

그러나 복음주의적 진영에 속한 다소 차분한 성격의 교인들은 오순절 진영의 신자들의 감정주의, 한쪽으로 치우친 신학, 낮은 수준의 사회적 책임감을 받아들일 수 없었다. 그러나 복음주의자들도 성령의 문제만큼은 피해갈 수 없었다. 그리하여 대중에게 인기 있는 복음주의적 성경 교사들은 '봉사를 위한 능력'이라는 교리를 들고 나왔으며, 그들의 설명을 들은 많은 선한 사람들은 크게 안도하였다. 복음주의적 성경 교사들은 이렇게 말했다.

"성령 충만은 필요하고 전적으로 바람직한 것이다. 그러나 그 목적은 오순절 진영의 사람들이 주장하는 것과는 다르다. 신자의 삶 속에서 나타나는 성령님의 한 가지 위대한 사역은

'봉사를 위한 능력'을 제공하는 것이다. 그러므로 그것은 감정적이거나 은사적인 것이 아니라, 실천적인 것이다. 하나님이 성령님을 보내신 목적은 약한 그리스도인을 강하게 만들어서 효과적으로 봉사하도록 하기 위함이다."

이런 견해는 사도행전 1장 8절의 지지를 받았다.

"오직 성령이 너희에게 임하시면 너희가 권능을 받고 예루살렘과 온 유대와 사마리아와 땅끝까지 이르러 내 증인이 되리라"(행 1:8).

홀로 서기를 강요받는 진리는 똑바로 서거나 오랫동안 설 수 없다는 것이 나의 지론이다. 성경의 진리들은 서로 의존적이고 연관성이 있다. 혼자 고립되어 있는 진리는 거의 정당성이 없다. 하나의 진리는 다른 진리들과의 관계 속에서 성립되기 때문에, 그것들로부터 고립될 수 없다. '부분적 진리가 아닌 진리의 전체!'라는 구호는 법정에서뿐만 아니라, 설교단과 교실과 기도실에서도 통용되어야 한다.

성령 충만이 '봉사를 위한 능력'을 그리스도인에게 주기 위함이라고 가르치는 것은 진리를 가르치는 것이지만, '진리 전체'를 가르치는 것은 아니다. '봉사를 위한 능력'은 성령 충만의 몇 가지 효과들 중의 하나일 뿐이다. 나는 이것이 성령 충만의 효과들 중에서 가장 작은 효과라고 주저하지 않고 말할 수 있다. 왜냐하면 이것은 인류를 위한 봉사와 관련되기 때문이다. 내가 이렇게 말하니까 어떤 사람들은 '인류를 위한 봉사는 가치 있는 것인데, 그것과 관련이 있는 능력이 어찌하여 성령 충만의 효과들 중 가장 작은 효과이냐?'라고 반문할지 모르겠다. 내가 볼 때, 인류를 위한 봉사는 곧 '현세를 위한 봉사'인데, '현세를 위한 봉사'는 그리스도인의 첫째 의무가 아니다. 봉사 이전에 우리의 존재를 거룩한 상태로 회복시키는 것이 필요하다.

의로운 행위보다 거룩한 존재가 먼저이다

인간의 삶을 지배하는 두 가지 중요한 동사는 '존재하다'(be)와 '행동하다'(do)이다. 전자는 '존재'를, 후자는 '행위'를 나타낸다. 이 두 가지 중 하나님이 먼저 관심을 가지시는 것은 '존재하다'(be), 즉 '존재'(됨됨이)이다. 인간이 어떻게 행동하느냐는 그가 어떤 사람이냐에 따라 결정된다. 그러므로 '됨됨이'(be)가 항상 제일 중요하다. '우리는 봉사하기 위해 구원받았다'라는 주장이 현대의 바쁜 그리스도인들에게 적용된다면 그것은 참이 아니다. 다만 이 주장은 좀 더 큰 관점에서 볼 때 참이다.

구속(救贖)이 필요하게 된 이유는 단지 인간의 행위 때문만은 아니고, 인간의 존재 때문이기도 하다. 인간의 행위뿐만 아니라 인간의 본성, 즉 존재가 부패했다. 인간의 본성에 내재한 도덕적 결함이 없었다면 인간의 악한 행위도 생기지 않았을 것이다. 타락한 인간들은 그들의 존재(본성)에 따라서 행동했다. 그들의 행위는 그들의 마음의 명령에 따라서 움직일 뿐이다.

"여호와께서 사람의 죄악이 세상에 관영(貫盈)함과 그 마음의 생각의 모든 계획이 항상 악할 뿐임을 보시고"(창 6:5).

하나님뿐만 아니라 인간도 도덕적 존재이기 때문에 사람의 죄악이 세상에 가득 차 있다는 것쯤은 알 수 있었을 것이다. 그러나 하나님은 그 정도에서 머무시지 않았다. 다시 말해서, 그분은 세상에 사람의 죄악이 넘치게 된 원인을 꿰뚫어보셨다. 성경은 "사람의 마음의 생각의 모든 계획이 항상 악하다"라고 증거한다. 오염된 강물의 배후에는 오염된 샘이 있듯이, 인간의 악한 행위의 배후에는 악한 생각과 상상력이 있다.

강물을 정화하려면 우선 샘을 깨끗하게 해야 한다. 인간의 행위를 바꾸려면 우선 그의 본성을 거듭나게 해야 한다. '행위'가 의로워지려면 근원적인 '존재'가 거룩하게 되어야 한다. 존재와 행위는 원인과 결과처럼, 아버지와 아들처럼 서로 연결되어 있다.

전부를 주지 않은 것은 아무것도 주지 않은 것이다

우리의 모든 사고(思考)들을 압도하고 우리의 모든 행위들을 무색하게 하는 한 가지 거부하지 못할 사실이 있다. 그것은 인류가 하나님께 받은 처음의 큰 복(福)인 에덴동산을 상실하고 도덕적으로나 영적으로 타락했다는 것이다.

인간의 타락 이후 지구는 재앙의 장소가 되어버렸고, 모든 사람들은 순간순간 위기 속에서 살게 되었다. 정상적인 것이 하나도 없다. 그리스도의 구속의 사역 그리고 성령님의 유효적(有效的) 개입까지 모든 것들은 비정상이고 모든 인간들은 잘못되었다.

인류의 타락이라는 보편적 재앙은 우리로 하여금 동료 인간들에 대한 우리의 의무에 대하여 다르게 생각하도록 강요한다. 정상적 상태에서라면 얼마든지 허용될 수 있는 것이 현재의 비정상적인 상태에서는 잘못된 것으로 취급받는다. 정상적 상태에서라면 필요 없을 것들이 현재의 비정상적인 상태에서는 엄청나게 요구된다.

바로 이런 점을 고려하여 우리 그리스도인들의 모든 봉사가 평가되어야 한다. 우리가 얼마나 멀리 가야 하는가, 얼마나 많은 것을 행해야 하는가 하는 문제에서 판단 기준은 우리의 편의성이 아니라 사람들의 필요이다. '타락'이라는 재앙이 없었다면, 하나님의 영원한 아들이 자신을 비워 베들레헴의 구유까지 내려오시고 결국 가시면류관을 쓰고 십자가에 달리실 필요가 없었을 것이다. 이런 일들은 선하신 하나님이 인간의 근본적 재앙의 문제를 해결하기 위해 마련하신 방법이었다.

그리스도가 건강하고 정상적인 인간의 완벽한 모범이신 것은 사실이지만, 그분은 우리가 생각하는 그런 의미에서 정상적인 삶을 사신 것은 아니다. 인류 구원이라는 거룩한 사역에 자신을 바치기 위해서 주님은 자신의 많은 즐거움들을 희생하셨다. 그분의 행동을 결정한 원리는 "어떤 것이 합법적이고 무죄(無罪)하냐?"가 아니라 "인간들에게 필요한 것이 무엇이냐?"였다. 그분은 자신을 기쁘게 하기 위해서가 아니라 재앙의 문제를 해결하기 위해서 사셨다. 그러므로 우리도 이 세상에서 그분처럼 살아야 한다.

그리스도의 심판대(審判臺)에서 심판받을 때 나는 "네가 얼마나 많은 일을 했느냐?"라 아니라, "네가 얼마나 많은 일을 할 수 있었느냐?"에 따라서 심판을 받을 것이다. 하나님의 기준은 "네가 얼마나 많이 주었느냐?"가 아니라, "네가 얼마나 많이 줄 수 있었으며, 실제로 남들에게 준 다음에 네게 얼마나 많이 남았느냐?"이다. "세상이 얼마나 많은 도움을 필요로 했느냐, 그리고 그 필요를 채울 수 있는 너의 모든 능력이 얼마나 되었느냐?"가 나의 봉사의 가치를 판단하는 기준이 될 것이다.

다시 말하지만, 내가 얼마나 많이 주었느냐가 아니라, 내가 준 것이 내가 가진 것 전체 중에서 얼마나 많은 비율을 차지하느냐에 따라서 심판받을 것이다. 전부를 주기 전에는 아무것도 주지 않은 것과 마찬가지이다. 우리가 먼저 사랑과 희생으로 우리 자신을 드려야 비로소 우리는 하나님께서 받으실 만한 것을 드린 것이다.

성령의 무한한 영적 능력으로

국가가 그 나라의 영웅에게 보상을 할 때에는 그가 얼마나 많은 사람들을 구했는가뿐만 아니라, 그가 구출 작전에서 얼마나 많은 위험에 노출되었는가를 고려한다. 위험, 손실, 희생이 없이 이루어진 봉사는 하나님과 사람들이 보기에 높은 평가를 받을 수 없다.

교회의 일을 할 때, "어떤 한 사람이 얼마만큼 일을 해야 하느냐?"의 문제는 교회의 다른 나머지 사람들이 얼마나 많이 또는 얼마나 적게 일을 하느냐에 따라 결정된다. 교회의 구성원들이 전부 열심히 봉사하는 교회는 드물다. 대개의 교회에서, 소수의 사람들은 하나님과 사람들을 섬기기 위해 열심히 일하느라고 허리가 휠 지경인 반면 다수의 사람들은 아무 일도 하지 않는 웃지 못할 상황이 자주 연출되어 쓴웃음을 자아낸다. 그러나 우리 각자가 자신의 몸으로 행한 일들에 대해 하나님께 보고서를 제출해야 할 때에는 결코 웃음이 나오지 않을 것이다.

대부분의 그리스도인들은 주님이 그들의 개인적인 일들에 너무 깊이 관심을 갖지 않으시면 좋겠다고 느낄 것이다. 그들은 주님이 그들을 구원하고 그들을 행복하게 해주고 결국 천국으로 데리고 가시기를 원하지만, 그분이 그들의 행위나 봉사에 대해 너무 자세히 묻는 것을 원하지 않는다. 그러나 그분은 우리를 찾으셨고, 우리를 아신다. 그분은 우리가 앉고 일어서는 것을 아시고 멀리서도 우리의 생각을 아신다. 주님의 불꽃 같은 눈을 피해 숨을 곳은 없다. "풀무에 단련한 빛난 주석 같은" (계 1:15) 발을 가지신 분에게서 도망할 방법은 없다. 이것을 늘 기억하면서 사는 것이 곧 지혜이다.

하나님은 사랑이시고 그분의 인자하심은 무한하지만, 그분은 육신적(肉身的)인 마음을 용납하지 않으신다. 그분은 우리가 실로 흙인 것을 기억하시지만, 육신적 행위들을 용납하지 않으신다. 그분은 우리에게 그분의 말씀을 주셨다. 그분은 우리가 감당하지 못할 시험 당함을 허락하지 않겠다고 약속하셨다. 그분은 우리가 믿고 구하면 무엇이든지 이루어주겠다고 약속하셨다. 그분은 우리가 이 땅에서 그분의 뜻을 행할 수 있도록 성령님의 무한한 능력을 우리에게 주셨다. 그러므로 우리가 두려움과 소심함에 빠져서 선한 일에 힘쓰지 않는다면 우리는 변명할 수 없을 것이다.

하나님께서 받으실 만한 '봉사'(do)가 있기 위해서는 먼저 그분이 받으실 만한 '삶'(be)이 있어야 한다. 우리가 얼마나 많이 베풀어야 하는가를 알기 위해서는 먼저 사람들이 얼마나 많은 것을 필요로 하는가를 알아야 한다. 사람들은 지진이나 홍수보다 더 큰 재앙에 빠져 있다. 그러므로 주님에게 구속받은 사람들은 그들을 구하기 위해 헌신해야 한다.

영적인 일들에 있어서 우리는 수세(守勢)를 취해서는 안 된다. 주님은 소박하고 솔직하고 어린애 같은 사람들을 사랑하신다. 그분은 자기의 주장을 내세우고 조건을 붙이고 변명하는 사람들과 함께 일하시지 않는다. 그분은 가장 심오하고 신비한 그분의 진리들을 지혜롭고 타산적(打算的)인 자들에게 숨기시고, 어린애 같은 사람들에게 나타내신다. 심령이 가난한 자들은 하나님의 나라를 받으며, 온유한 자들은 땅을 유업으로 받으며, 애통하는 자들은 위로를 받으며, 마음이 청결한 자들은 하나님을 본다.

톰 헤어(Tom Haire)라는 나의 옛 친구는 '기도하는 배관공(配管工)'이라는 별명이 붙을 정도로 기도를 열심히 하는 사람이었다. 어느 날 그는 미국에서 몇 달 동안 봉사한 후 휴식을 위하여 고국으로 돌아가겠다고 내게 말했다. 아주 심한 아일랜드 사투리로 그는 나에게 자신의 심정을 털어놓았다.

"나는 고국으로 가서 석 달 동안 하나님을 섬기고 싶네. 내가 해결해야 할 몇 가지 영적 문제들이 있어. 나는 내가 그것들을 해결할 수 있는 지금, 심판대(審判臺) 앞으로 나아가기를 원해."

영적 전투에서 불퇴전의 믿음으로 승리한다

많은 적들이 그리스도인들을 공격한다. 우리는 우리의 모든 힘을 다해 적들과 싸워서 이겨야 하며, 믿음의 주(主)요, 온전케 하시는 예수님을 바라보아야 한다.

하늘의 신령한 복

그리스도 안에서 우리에게 주어지는 저 하늘의 신령한 복은 세 가지 종류로 나누어진다.

첫째 / 우리가 믿어서 구원을 얻을 때 즉시 우리에게 주어지는 복

예를 들면 죄사함, 칭의, 중생, 하나님의 자녀가 되는 것, 세례를 받아 그리스도의 몸이 되는 것 등이다. 이런 복이 우리에게 주어졌다는 것을 알기도 전에 우리는 이것들을 소유하게 된다. 그리고 나중에 성경 연구를 통해서, 이런 것들이 우리에게 주어졌다는 것을 알게 된다.

둘째 / 우리가 기업으로 물려받는 복

이것은 우리 주님이 다시 오실 때까지는 현실 속에서 누릴 수 없는 것이다. 이 복을 받은 자들은 장차 정신적 및 도덕적으로 완전해지고, 몸이 영화롭게 되고, 하나님의 형상이 완전히 회복되고, 하나님의 임재 안으로 들어가 영원히 그분을 보게 될 것이다. 이 복은 이 세상에서 실현되는 것은 아니지만, 현재 우리에게 주어진 것처럼 확실히 우리의 소유이다. 그러므로 이 세상에서 나그네 길을 가는 우리가 이 복을 위해서 기도할 필요는 없다. 하나님은 하나님의 아들들이 나타날 때 우리가 이 복들을 누릴 것이라고 분명히 말씀하셨다(롬 8:18-25 참조).

셋째 / 그리스도의 보혈의 속죄를 통하여 얻게 된 복

이 복은 우리가 아무 노력도 하지 않고 가만히 있으면 결코 우리 것이 될 수 없다. 다시 말해서, 열심을 내어 노력하는 사람들만이 이 복을 누릴 수 있다. 이 복을 위해 힘쓰는 사람들은 자아(自我)를 이기고 육체의 죄들에서 벗어나며, 성령 충만한 상태에서 봉사의 삶을 살며, 하나님의 임재를 의식하는 가운데 은혜 안에서 성장하며, 하나님과 연합되어 있다는 것을 점점 더 깊이 의식하며, 예배를 사모하게 될 것이다. 그러나 이런 복이 우리에게 자동적으로 주어지지는 않는다. 또한 우리는 이런 복을 얻기 위해서 주님이 다시 오시는 날까지 기다려서도 안 된다. 이스라엘 민족이 가나안 땅으로 담대히 들어가서 그 땅을 취한 것처럼 우리도 신앙과 담대함을 가지고 이런 복을 우리 것으로 취해야 한다.

네 가지 명제

이제 내가 논하고자 하는 것은 첫째 복과 둘째 복이 아니라 셋째 복이다. 나는 하나님이 우리에게 허락하신 이 셋째 복을 좀 더 분명히 밝히기 위하여 네 가지 명제들을 제시한다.

첫째 명제, 당신이 노력하지 않으면 아무것도 얻을 수 없다.

당신이 노력하지 않는데 하나님이 억지로 복을 주겠다고 강요하지는 않으신다. 여호수아는 약속의 땅을 얻기 위해서 싸우지 않으면 안 되었다. 마찬가지로 당신도 완전함에 도달하기 위해서 끊임없이 싸워야 한다. 당신이 복을 얻는 것을 방해하기 위해서 도전해오는 어떤 적이라도 싸워서 격퇴해야 한다. 당신이 가만히 앉아 있는데 약속의 땅이 당신에게 찾아오는 것은 아니다. 당신이 그 땅으로 가서 그 안으로 들어가야 한다. 그렇게 하기 위해서는 세상의 유혹을 물리치고 자기부정(自己否定)의 길을 가야 한다. '십자가의 요한'(John of the Cross, 1542~1591. 스페인의 신비주의자 - 역자 주)은 "이 길을 가는 사람들은 많은 기쁨과 소망, 많은 고난과 슬픔을 체험할 것이다. 전자는 성숙의 결과이고, 후자는 미성숙의 결과이다"라고 말했다.

둘째 명제, 당신은 구하는 만큼 얻게 될 것이다.

하나님은 여호수아에게 "무릇 너희 발바닥으로 밟는 곳을 내가 다 너희에게 주었노니"(수 1:3)라고 말씀하셨는데, 이 말씀에 나타난 원리가 성경 전체의 원리이다. 이스라엘의 역사(歷史)를 보면, 담대하게 자기의 몫을 주장한 사람들의 이야기들이 여기저기서 발견된다. 좋은 예는 바로 갈렙이다. 그는 가나안 정복 후에 여호수아에게 가서 모세가 그에게 약속한 산을 달라고 말해서 그것을 얻었다. 슬로브핫의 딸들도 모세 앞에 서서 "우리 아버지의 형제 중에서 우리에게 기업을 주소서"(민 27:4)라고 말하여 기업을 얻었다. 이 여인들이 기업을 얻은 것은 모세의 시혜(施惠) 때문이 아니라 약속을 주신 하나님의 명령 때문이었다. 우리의 요청이 하나님의 영광을 위한 것이라면 우리는 원하는 만큼 얼마든지 요청할 수 있다. 우리의 요청이 담대하면 담대할수록, 기도의 응답을 통해서 하나님께서 더 많은 영광을 받으실 것이다.

셋째 명제, 적은 것에 만족하고 전진하지 않는 사람에게는 더 이상의 것이 주어지지 않는다.

하나님은 모든 사람들에게 후하게 주신다. 그러나 그렇다고 해서 우리가 노력하지도 않고 원하지도 않는데 하나님이 영적인 복들을 주셔서 우리를 경건하게 만드시는 것은 아니다. 예를 들어보자. 어떤 사람이 패배적인 삶을 사는 데 만족한다면 하나님께서는 굳이 그를 억지로 움직여서 승리의 삶을 살도록 만들지 않으신다. 그리스도를 멀리서 따르는 것에 만족하는 사람은 그분에게 가까이 가야만 볼 수 있는 영광의 광채를 결코 보지 못할 것이다. 기쁨도 열매도 없는 삶에 만족하는 사람은 성령님이 주시는 기쁨을 체험하지 못할 것이다. 또한 그런 사람은 열매 맺는 삶이 주는 깊은 만족이 무엇인지 모를 것이다.

얼마나 많은 그리스도인들이 최고의 삶을 포기하고 단지 그럭저럭 살아가고 있는가! 그렇기 때문에, 이런 사람들에게 관심을 갖고 지켜보는 사람들은 낙심하게 되고, 성령님은 크게 근심하시게 된다. 내 주변에서 볼 수 있는 복음주의적 그리스도인들 가운데 어떤 사람들은 과거의 언젠가 적당히 신앙적 타협을 하는 데 성공했다. 그리하여 그들은 좀 더 거룩한 삶을 살고자 하는 자신들의 열망을 적당히 누그러뜨리고 그저 그렇게 미지근한 신앙생활을 이어가고 있다. 이것은 그들이 섬긴다고 주장하는 주님이 원하시지 않는 삶이요, 그리스도인이라는 이름을 가진 그들의 신분에 어울리지 않는 삶이다. 이런 현상을 지켜보면서 나는 여러 해 동안 '슬픔의 짐'을 지고 다니지 않을 수 없었다. 더 가슴 아픈 것은 이런 사람들이 어디에서나 발견된다는 사실이다.

넷째 명제, 당신이 적게 가진 것은 당신이 적게 원하기 때문이다.

모든 사람들은 그들이 원하는 만큼만 하나님께 가까이 간다. 그들은 원하는 만큼만 거룩하고, 원하는 만큼만 성령 충만하다. 우리 주님은 "의(義)에 주리고 목마른 자는 복이 있나니 저희가 배부를 것임이요"(마 5:6)라고 말씀하셨다. 만일 의(義)에 굶주린 사람들 중에 단 한 사람이라도 배부름을 얻지 못한다면 주님의 말씀은 땅에 떨어질 것이다.

'간절히 원하는 것'은 단지 '막연히 바라는 것'과는 다르다. 전자는 전심으로 갈망하는 것을 의미한다. 많은 사람들은 '막연히 바라기만 한다.' 이런 사람들은 "승리와 기쁨으로 가득한 거룩한 삶을 살면 참 좋지!"라고 말하면서도 실제로는 그렇게 되기 위해 애쓰지 않는다. 그들은 거룩한 삶을 살기 위해 하나님이 원하시는 것들을 실천하려는 노력을 보이지 않는다.

하나님은 구속받은 자신의 자녀들에게 무한한 영적 보화의 가능성을 열어놓으셨지만, 그들은 그 보화를 취하는 일을 거부하거나 게을리 한다. 이것이야말로 도덕적 존재로 창조된 인간의 역사(歷史)에서 아담의 타락 다음으로 비극적인 일이 아닐까 싶다.

하나님은 무한하신 분

마이스터 에크하르트는 "하나님의 선물을 얼마나 많이 받을 수 있느냐는 '주는 분'의 풍성함에 따라서가 아니라 '받는 자'의 믿음의 분량에 따라서 결정된다"라고 말했다. 만일 우리가 '주는 분'의 풍성함에 따라서 영적 선물을 받는다면 우리 중 그 누구도 영적으로 빈곤한 자가 없을 것이다. 왜냐하면 하나님의 풍성함은 무한하기 때문이다.

만일 나의 믿음의 분량에 따라 하나님의 영적인 선물을 받을 것인가 아니면 그분의 풍성함에 따라 받을 것인가를 누군가 나에게 묻는다면 나는 조금도 주저하지 않고 후자(後者)를 택할 것이다. 나는 사람들의 손이나 심지어 나 자신의 손에 빠지기를 원하지 않고 하나님의 손에 빠지기를 원한다. 선물을 받기를 원하는 내 마음보다 선물을 주기를 원하시는 하나님의 마음이 몇 십 배 더 강하다. 나의 원함은 여러 가지 인간적인 제약들 때문에 한계가 있을 수밖에 없다. 아무리 내가 신앙을 가지고 대담한 요구를 한다 할지라도 그것은 적은 것이 될 수밖에 없다. 주기를 원하시는 하나님의 마음은 무한하며, 자신의 원함을 실행할 수 있는 그분의 능력도 무한하다.

스바의 여왕이 솔로몬을 방문했을 때 솔로몬은 그녀가 부탁하는 것을 모두 그녀에게 주었다. 그러나 솔로몬은 그녀가 구하지 않은 것까지도 그녀에게 주었을 것이다. 다시 말해서, 솔로몬은 자신의 활수(滑手)함을 나타내기 원했기 때문에 그녀의 기대를 훨씬 초과하는 많은 선물을 주었을 것이다. 그리하여 그녀는 자신이 구해서 얻은 것과 구하지 않았는데도 얻은 것을 가지고 본국으로 돌아갔을 것이다. 그녀는 향품과 많은 금과 보석을 가지고 솔로몬을 방문했지만, 솔로몬은 그녀에게 그것들보다 훨씬 더 많은 선물을 주었다. 인간 솔로몬도 자신이 풍요롭기 때문에 남에게 풍족하게 베풀었는데, 하물며 무한히 부요하신 하나님이 얼마나 우리에게 후하게 베푸시겠는가?

하나님은 무한하신 분이기 때문에, 그분과 관계된 모든 것은 무한할 수밖에 없다. 그분은 우리가 상상할 수 있는 모든 한계들을 초월하신다. 우리가 그분이 어떤 한계를 갖고 계시다고 생각하는 순간, 우리가 생각하는 하나님은 더 이상 하나님이 아니다. 하나님은 자비, 사랑, 은혜, 긍휼이 무한하신 분이라고 생각할 때 비로소 우리는 그분을 올바로 이해하는 것이다. 우리가 하나님께 돌릴 수 있는 모든 성품들에 있어서 그분은 무한하시다.

하나님의 풍성함을 더 얻으려면

우리가 하나님의 무한한 자원을 인정하는 것만으로는 충분하지 못하다. 우리는 그분이 그분의 무한한 자원을 얼마든지 우리에게 나누어주기를 원하실 정도로 활수하시다는 것을 또한 믿어야 한다. 하나님의 자원이 무한하다는 것을 믿는 것은 그리 어렵지 않다. 심지어 이신론자(理神論者, 신이 세상을 창조하였지만 세상에 간섭하시 않고 자연법칙에만 맡겨둔다고 믿는 사람 - 역자 주)도 천지의 소유자이신 지극히 높으신 하나님이 우리의 상상을 초월할 정도로 부요하시다는 것을 인정한다. 하나님이 무한한 자원을 소유하실 뿐만 아니라 우리에게 후하게 그 자원을 나누어주시는 분이라고 믿으려면, 그분의 계시를 인정해야 한다. 그 계시는 그분이 우리에게 후하게 주기를 원하신다고 증거하는 성경이다.

하나님의 후하심을 믿는 우리 그리스도인들이 왜 그토록 가난에 시달리는가? 그것은 그분의 선물이 '주는 분'의 풍성함에 따라서가 아니라 '받는 자'의 믿음의 분량에 따라서 결정된다는 것을 우리가 아직 모르기 때문이다. 전지전능하신 하나님도 큰 선물을 작은 그릇에 담으실 수는 없다.

하나님의 풍성한 선물을 더 많이 얻기 위해서 우리는 다음과 같은 다섯 가지 사항에 유의해야 한다.

첫째, 우리는 믿음을 가져야 한다.

후하고 선하고 자비하신 하나님은 어떤 후한 왕보다 더 후하게 그분의 백성에게 선물을 베푸신다는 것을 우리가 믿어야 한다. 이런 믿음을 갖기 위해서는 성경말씀에 푹 빠져야 한다. 또한 믿음이 효력을 발휘하기 위해서는 믿음을 사용해야 한다. 근육도 단련해야 강해지듯이, 믿음도 자꾸 사용해야 강해진다.

둘째, 우리는 믿음의 분량을 늘려야 한다.

사람마다 믿음의 분량이 다르다는 사실은 너무나 분명하다. 그런데 왜 그런지를 이해하기는 쉽지 않다. 그 이유에 대하여 지금 여기에서 논할 시간은 없다. 그러나 한 가지 분명한 사실은, 각자의 믿음의 분량이 다르지만 우리가 원하면 그 분량을 늘릴 수 있다는 것이다. 인간의 영혼은 딱딱하게 구워져서 크기가 변하지 않는 그릇과 같은 것이 아니다. 그것은 성령님의 은혜로운 활동들에 반응하고 상호 작용하는 과정을 통해서 성장하고 팽창하는 살아 있는 것이다.

셋째, 우리의 수용성이 풍부해져야 한다.

  수용성(受容性)에 항상 내재하는 요소는 '관심'이다. 우리가 관심을 갖지 않는 어떤 대상을 우리의 마음에 받아들인다는 것은 사실상 불가능하다. 보통의 지적 능력을 가진 사람이라 할지라도 어떤 분야에 깊은 관심을 가지면 오히려 머리는 좋지만 관심이 없는 사람보다 더 큰 업적을 이룰 수 있다. 루빈스타인(Arthur Rubinstein, 1887~1982. 폴란드 태생으로 미국의 피아니스트 - 역자 주)이나 하이페츠(Jascha Heifetz, 1901~1987. 러시아 태생으로 미국의 바이올린 연주자 - 역자 주) 같은 천재적인 예술가가 될 가능성이 있는 아이들이 가까운 동네 공터에서 벌어지는 야구 경기의 유혹을 이기지 못해서 연습을 게을리 한 결과, 결국 예술가로서 성공하지 못한 경우들이 얼마나 많겠는가? 이런 아이들은 야구에 대한 관심이 예술에 대한 관심을 밀어낸 경우이다. 이처럼 큰 관심은 작은 관심을 우리의 마음에서 밀어내는 법이다. 마찬가지로 세상적인 관심들은 종종 영적 관심들을 몰아내기 때문에 결국 영적 수용성이 파괴된다.

넷째, 우리는 책임감을 가져야 한다.

  하나님이 은사를 주시는 것은 사용하라고 주시는 것이다. 하나님의 은사는 사용하지 않으면 위축되고 약해진다. 열 달란트, 다섯 달란트, 두 달란트 그리고 한 달란트를 받은 사람들에 대한 비유는 우리 모두에게 경고가 되어야 한다. 사도 바울은 은사들이 모든 사람들에게 주어지는 것은 모든 사람들에게 유익이 되도록 하기 위함이라고 말했다. 은사들에 대하여 이기적인 태도를 취하는 것은 결코 다른 사람들에게 유익을 주지 못한다. 우리는 우리가 받은 은사에 대하여 책임을 져야 한다.

다섯째, 우리는 하나님께 감사해야 한다.

감사는 아무리 많이 해도 지나치지 않다. 범사에 감사하라. 지혜로우신 하늘의 아버지는 우리가 받은 은사에 대하여 감사할 때 비로소 다른 은사를 내려주신다.

우리의 적

장차 교회는 경계를 풀고 파수꾼을 성벽에서 내려오게 하고 평안하고 안전하게 살게 될 것이다. 그러나 아직은 아니다.

이 세상에서 선한 것들은 모두 악한 세력의 공격 목표가 되어 있다. 그러나 선한 것들이 살아 남는 것은 우리가 경계를 늦추지 않기 때문이며, 무엇보다도 전능하신 하나님의 섭리적 보호 때문이다. 개인이나 국가는 위험이나 문제를 전혀 의식하지 못하는 중에도 실상은 가장 큰 위험이나 문제에 빠져 있을 수 있다. 이와 마찬가지로, 교회도 위험이나 위험의 근원(根源)을 전혀 의식하지 못하기 때문에 정말로 가장 큰 위험에 빠질 수 있다.

요한계시록에 나오는 라오디게아 교회는 1900년 동안 그리스도의 교회에게 경고의 표상(表象)이 되어왔다. 라오디게아 교회를 책망하시는 주님의 말씀을 들을 때 우리는 적(敵)이 눈에 보이지 않을 때 오히려 경계해야 하며, 물질적으로 부요할 때 오히려 영적으로 가난할 수 있다는 것을 깨닫고 정신을 차려야 한다. 아시아의 일곱 교회들에게 보낸 편지를 연구한 후 현재 우리의 모습을 살펴보면, 우리가 라오디게아 교회처럼 살고 있다는 것을 깨닫게 될 것이다. 우리가 명심해야 할 것은, 우리에게는 뒷걸음질치려는 경향이 있는데, 이것은 치료하기에 지극히 어려운 병이라는 사실이다.

아무리 건강한 사람이라도 그를 24시간 안에 죽일 수 있는 치명적인 박테리아를 가지고 있다. 그가 실제 죽지 않는 것은 박테리아의 공격을 물리치는 인간의 놀라운 면역력 때문이다. 언젠가 죽을 수밖에 없는 몸이 생존하는 것은 밤낮으로 내부의 적들과 싸우기 때문이다. 몸이 이 싸움에서 굴복하면 그의 죽음은 시간문제이다. 단적으로 말해서, 몸은 싸우거나 아니면 죽어야 한다. 상황이 이렇게 된 것은 인류가 여러 가지 면에서 인류에게 적대적인 '타락한 세계'에 살고 있기 때문이다. 인간 뿐만 아니라 자연도 타락했다. 본래 인간에게 유익을 주도록 창조된 미생물들이 도착(倒錯)되어 오히려 인간에게 질병을 일으키는 원인이 되고 말았다. 그러므로 몸은 살기 위해서 '보이지 않는' 적들과 싸워야 한다. 우리의 몸을 죽이려는 적들이 너무나 많은 반면 우리의 몸은 너무나 약하다는 점을 생각할 때, 우리가 죽지 않고 성장하여 성인(成人)이 된다는 것은 거의 기적에 가깝다.

싸워서 이겨야 할 적

교회도 교회에 적대적인 세상 안에 살고 있다. 교회 주위에, 심지어는 교회 내부에 적들이 득실거린다. 그들은 교회가 더 큰 힘으로 저항하지 않으면 교회를 파괴할 수 있다. 적들의 공격을 막아내기에 충분한 대항 능력이 그리스도인에게 없다면 단지 외부적인 힘만으로도 무너질 수 있다. 그러므로 성령님의 능력은 선택 사항이 아니라 필수 사항이다. 성령님의 도우심이 없으면, 하나님의 자녀는 이 땅에서 하늘의 삶을 살 수 없다. 왜냐하면 그들을 파괴하려는 적들이 너무 많고 너무 강하기 때문이다.

교회는 살아 있는 유기체이기 때문에, 살아 있는 것들을 잡아

먹는 적들에게 공격을 받지 않을 수 없다. 이런 면에서 교회는 인간의 몸에 비유될 수 있다. 그러나 교회와 인간의 몸의 비유에는 한계가 있다. 왜냐하면 몸은 지력(智力)이 없지만, 교회는 적들을 인식하는 지력과 그들에게 저항할 수 있는 의지(意志)를 가진 도덕적 존재들로 구성되어 있기 때문이다. 인간의 몸은 잠자는 동안에도 적들과 싸울 수 있지만, 교회는 그렇게 할 수 없다. 교회는 깨어서 굳게 서 있어야 한다. 그렇지 않으면 이길 수 없다.

우리가 싸워서 이겨야 할 적들은 다음과 같다.

첫째 / 불신앙

우리가 싸워서 이겨야 할 적들 중 하나는 '불신앙'이다. 우리가 설명할 수 없는 것을 거부하거나 적어도 더 많이 조사해 볼 때까지 결정을 유보하고 싶은 우리의 본능은 너무나 강하다. 이런 본능이 과학자에게는 당연할 뿐만 아니라 심지어 권장할 만하지만, 그리스도인에게는 완전히 잘못된 것이다. 그 이유는 다음과 같다.

그리스도인의 신앙의 근거는 바로 자신이 하나님이요, 주(主)라고 주장하신 예수 그리스도이시다. 인간은 이 주장을 순전한 믿음으로 받아들이거나 아니면 완전히 거부하게 될 것이다. 이 주장은 조사해서 입증될 수 있는 그런 성격의 주장이 아니다. 그리스도의 주장에 어떻게 반응하느냐 하는 문제는 오직 믿음의 문제일 뿐이다. 신자는 그리스도의 주장이 참이라고 생각한다. 그가 그렇게 생각하는 것은 그가 믿기 때문이다. 그가 그렇게 '믿기 위해서' 그렇게 생각하는 것은 아니다. 우리에게 완전한 증거를 주시는 분은 우리 안에 거하시는 성령님이시다. 성령님의 증거를 받은 사람은 그리스도 이외의 다른 증거를 필요로 하지 않는다.

둘째 / 자기도취

우리의 또 다른 적은 '자기도취'이다.

"화 있을진저 시온에서 안일한 자들이여"(암 6:1 참조).

자기만족에 빠진 그리스도인은 공격을 당할 위험에 처해 있는 것이 아니라, 이미 공격을 당한 것이다. 그는 병든 것이고, 자신이 병들었다는 사실을 알지 못한다. 자기도취에 빠지지 않으려면 우리 안에 있는 하나님의 은사를 다시 불일 듯 일어나게 해야 한다. 우리는 자기만족에 대해 전쟁을 선포하고, "앞에 있는 것을 잡으려고 푯대를 향하여 그리스도 예수 안에서 하나님이 위에서 부르신 부름의 상을 위하여"(빌 3:13,14) 좇아가야 한다.

셋째 / 자기의

신앙생활을 열심히 할수록 우리는 스스로 의롭다는 착각에 빠지기 쉽다. 이런 잘못을 범하지 않을 수 있는 유일한 방법은 조용히 자신의 잘못을 반성하는 시간을 종종 갖는 것이다. 과거의 죄를 진지하게 반성하고 현재의 부족함을 인정한다고 해서 주님이 주시는 기쁨이 줄어드는 것은 아니다. 오히려 이렇게 할 때 우리는 자기의(自己義)에 빠지지 않을 수 있다.

넷째 / 사람을 두려워하는 것

사람을 두려워하면 올무에 빠질 수 있다고 선지자는 말한다. 그러므로 진짜 그리스도인은 사람 앞에 떨지 않는다. 현대 사회는 개인의 독립심을 말살하고 획일성을 강요하는 문화이다. 사회는 개인이 그 사회의 특정한 유형에서 벗어나는 것을 용납하지 않는다. 그리스도인은 근본적으로 세상과 조화를 이룰 수 없는 사람이기 때문에 세상은 당연히 그를 싫어한다. 이런 상황에서 그리스도인이 세상 사람들을 두려워하면 그는 이미 패배한 것이다. 왜냐하면 사람들을 두려워하면 그들에게 저항할 수 없기 때문이다.

이제까지 언급한 것들 외에도 많은 적들이 그리스도인들을 공격한다. 예를 들면, 사치스러운 생활을 좋아하는 것, 은근히 세상적 가치에 동조하는 것, 자기를 의지하는 자신감, 교만, 거룩하지 못한 생각 등을 들 수 있다. 우리는 우리의 모든 힘을 다해 이런 것들과 싸워서 이겨야 하며, 믿음의 주(主)요, 온전케 하시는 예수님을 바라보아야 한다.

나는 진짜인가, 가짜인가?

초판 1쇄 발행	2004년 9월 20일
초판 42쇄 발행	2023년 5월 25일
지은이	A. W. 토저
옮긴이	이용복
펴낸이	여진구
편집	이영주 박소영 최현수 안수경 김도연 김아진 정아혜
책임디자인	마영애 노지현 조은혜 이하은
홍보·외서	진효지
마케팅	김상순 강성민
마케팅지원	최영배 정나영
제작	조영석
경영지원	김혜경 김경희 이지수

303비전성경암송학교 유니게 과정 박정숙
이슬비전도학교 / 303비전성경암송학교 / 303비전꿈나무장학회

펴낸곳   규장

주소 06770 서울시 서초구 매헌로 16길 20(양재2동) 규장선교센터
전화 02)578-0003   팩스 02)578-7332
이메일 kyujang0691@gmail.com   홈페이지 www.kyujang.com
페이스북 facebook.com/kyujangbook   인스타그램 instagram.com/kyujang_com
카카오스토리 story.kakao.com/kyujangbook
등록일 1978.8.14. 제1-22

ⓒ 한국어 판권은 규장에 있습니다.
이 출판물은 저작권법에 의해 보호를 받는 저작물이므로 무단 전재와 무단 복제를 할 수 없습니다.

책값 뒤표지에 있습니다.
ISBN 978-89-7046-970-6   03230

규│장│수│칙

1. 기도로 기획하고 기도로 제작한다.
2. 오직 그리스도의 성품을 사모하는 독자가 원하고 필요로 하는 책만을 출판한다.
3. 한 활자 한 문장에 온 정성을 쏟는다.
4. 성실과 정확을 생명으로 삼고 일한다.
5. 긍정적이며 적극적인 신앙과 신행일치에의 안내자의 사명을 다한다.
6. 충고와 조언을 항상 감사로 경청한다.
7. 지상목표는 문서선교에 있다.

하나님을 사랑하는 자 곧 그의 뜻대로 부르심을 입은 자들에게는 모든 것이 合力하여 善을 이루느니라(롬 8:28)

규장은 문서를 통해 복음전파와 신앙교육에 주력하는 국제적 출판사들의
협의체인 복음주의출판협회(E.C.P.A:Evangelical Christian Publishers
Association)의 출판정신에 동참하는 회원(Associate Member)입니다.